Erica Maria Meli: Ich halte deine Hand

W0086964

Erica Maria Meli

Ich halte
deine Hand

Von einem geliebten Menschen
Abschied nehmen

Aquamarin Verlag

Deutsche Originalausgabe
1. Auflage 2011
© Aquamarin Verlag GmbH
Voglherd 1 • D-85567 Grafing
www.aquamarin-verlag.de

Umschlaggestaltung: Annette Wagner
unter Verwendung von Elderly Care
© Tyler Olson #23362473/Fotolia.com

Druck: Bercker • Kevelaer

ISBN 978-3-89427-582-2

INHALT

VORWORT

Liebe Leserin, lieber Leser!

Haben Sie auch schon einmal den Gedanken gehabt, unser irdisches Dasein sollte eigentlich in umgekehrter Richtung verlaufen? Schön wäre es doch, wenn wir bei der Ankunft auf dieser Erde mit der Weisheit und Erfahrung des hohen Alters geboren und zunächst einmal in einem Seniorenheim liebevoll gepflegt und umsorgt würden. Danach würden wir mit Elan, Klugheit, Verstand und kreativen Ideen ins Berufsleben einsteigen. Anschließend würden wir in der Schule von aller Kopflastigkeit befreit, um später, nach einer unbeschwerten Zeit als Kleinkind und Säugling, schließlich als befruchtetes Ei in einer Aura von Liebe wieder von dannen zu gehen. Wäre das nicht wunderschön? Was für ein Leben, was für ein Sterben!

Leider verläuft unser irdischer Weg nicht in dieser Richtung. Von Geburt an beginnt für uns in allen Lebensbereichen ein riesiger und unablässiger Lernprozess. Auch mit dem unvermeidlichen Tod sollten wir uns auseinandersetzen, damit dieses Geschehen uns am Ende unseres Daseins nicht wie ein kalter Wind ins Gesicht bläst. Obwohl wir wissen, dass wir nicht ewig auf der Erde bleiben können und alle Menschen sterben müssen, verhalten wir uns oft wie irdische Dauergäste. Wir machen es uns gemütlich und gehen dem leidigen Thema Tod tunlichst aus dem Weg. Darüber möchten wir nicht reden. Jedenfalls nicht jetzt. Vielleicht später einmal, wenn es denn unbedingt sein muss, und wenn wir krank und alt sind.

Dennoch: Das Sterben ist eine der ganz wenigen absolut sicheren Gewissheiten unserer irdischen Existenz. Unsere Zeit auf Erden ist bemessen, abgesteckt wie ein Fußballfeld. Täglich konfrontieren uns die Medien mit der Tatsache, dass unzählige Menschen an Gewalt, Krieg, Hunger, Vernachlässigung und Krankheit sterben, aber kaum je denken wir daran, dass wir selbst ebenfalls auf den Tod zugehen. Wir tun so, als seien wir unsterblich. Führen wir uns Romane oder Spielfilme zu Gemüte, sterben immer nur die anderen – wir doch nicht.

Überdies scheint der Tod der größte Feind zu sein, dem wir so lange wie möglich entrinnen möchten. Wir sind der Auffassung, Sterben sei das Schlimmste, was uns geschehen könne. Gewiss, wenn wir Sterbende beobachten, die unter Schmerzen leiden und auf Pflege angewiesen sind, steigen in uns Ängste auf – das ist menschlich. Wir alle wissen nicht, wann, wo und wie wir unseren Tod erleben werden. Er kann plötzlich und unerwartet da sein und uns keine Zeit für Besinnung einräumen. Oder es kann eine Krankheit über uns kommen, die zum Tode führt.

Möchten wir uns von diesen Ängsten befreien, müssen wir uns mit dem Sterben offen auseinandersetzen und den Tod bewusst als Tatsache akzeptieren – und zwar nicht erst dann, wenn er unmittelbar vor der Türe steht. Wenn wir ihn ständig verdrängen, können wir das Geheimnis des Sterbens kaum ergründen. Es gilt herauszufinden, was das Sterben für uns bedeutet und was für Gedanken und Gefühle der Tod in uns auslöst. Sobald wir uns den Abschied von dieser Erde bewusst vor Augen führen, erkennen wir, wie kostbar jeder Augenblick unseres Lebens ist. Wenn wir bewusster leben, können wir auch bewusster sterben. Der deutsche Philosoph, Mystiker und Theosoph Jakob Böhme hat diesen Gedanken sehr eindrücklich formuliert: „Wer nicht stirbt, eh er stirbt, verdirbt, wenn er stirbt."

Wir tun also gut daran, uns mit der Furcht vor dem Sterben auszusöhnen. Erica Meli, gelernte Krankenschwester und Sterbebegleiterin, möchte uns dabei mit diesem neuen Buch behilflich sein. Sie weiß: „Jene Tage und Stunden, in denen ein Mensch (Geistseele) seine physische Hülle ablegen darf, um zurückzukehren in eine höhere Welt, sind ganz besonders heilige Augenblicke – für die sterbende Person wie auch für die auf Erden Zurückbleibenden." Die Autorin, die während vieler Jahre Menschen in Stunden des Abschieds begleitet hat, versteht es auf feinfühlige Weise, uns den Sterbeprozess näherzubringen. Vor fünfundzwanzig Jahren wurde Erica Meli von einem Erlebnis überrascht, das sie in eine ganz bestimmte Richtung wies. Sie stand damals am Bett eines sterbenskranken älteren Menschen, der verzweifelt nach Atem rang, während ein Arzt und eine junge Krankenschwester ihm beizustehen versuchten. Erica Meli bat Gott im stillen Gebet, die

Seele dieses leidenden Menschen ins Licht aufzunehmen und ihm zu helfen, all das loszulassen, was ihn noch festhielt und den Übergang erschwerte. Plötzlich nahm sie mit Erstaunen wahr, wie sich das ganze Zimmer veränderte. Es wurde hell und in allen Farben strahlend. Dann sah sie von oben – also von einer völlig veränderten Perspektive her – wie sich etwas aus der materiellen Hülle befreite. Danach lag nur noch ein lebloser Körper auf dem Bett. Das wahre Selbst, die Seele dieses Menschen, hatte sich vom Körper gelöst und war ins Licht hinübergegangen.

Erica Meli ist aufgrund ihrer vielen Erlebnisse und Erfahrungen überzeugt, dass das Hinübergehen in eine andere Welt von Engeln begleitet wird und wir uns diesem himmlischen Licht uneingeschränkt anvertrauen dürfen. Der deutsche Philosoph Arthur Schopenhauer hat dies ähnlich empfunden, als er schrieb: „Ich glaube, dass wenn der Tod unsere Augen schließt, wir vor einem Licht stehen, von welchem unser Sonnenlicht nur ein Schatten ist."

Erica Melis Erlebnisse mit Sterbenden bezeugen, dass der Tod, den wir mit Leid, Schmerz und Trauer verbinden, in Wirklichkeit eine spirituelle Erfahrung ist, der wir ohne Angst entgegensehen dürfen. Auf uns wartet ein himmlisches Licht, das reine Liebe und tiefer Friede – das der Atem Gottes ist. Erica Meli zeigt uns auf, dass das Sterben keine dunkle Bedrohung sein muss – es kann Hingabe an Gott sein. In ihrem Buch beantwortet sie die Frage, wohin uns das Sterben führe: Es führt uns an den Ort, von dem wir hergekommen sind, zurück zu Gott.

Ihr Buch leitet uns an, unsere Lebenszeit neu und anders zu begreifen. Als Geschenk und Möglichkeit, die wir nicht von Stress und Termindruck bestimmen lassen dürfen. Wir sollten es als Reifeprozess sehen, der in der uns zugemessenen Lebensdauer vollzogen werden soll.

Ich danke Erica Meli von Herzen für ihr beeindruckendes Buch. Es hilft uns, die Angst vor dem dunklen Gewand des Todes abzulegen und ihn als Übergang ins Licht zu verstehen.

Bruno Vonarburg[*]

---

[*] Bruno Vonarburg ist Autor der beiden Engelbücher „Engel – Licht und Flügel" (Birkenhalde Verlag) und „Ich leih dir meine Flügel" (Aquamarin Verlag).

EINLEITUNG

LEBEN IN DER LIEBE –
STERBEN IN ACHTSAMKEIT

Das Leben in Liebe und Harmonie ist die beste Vorbereitung auf ein gutes Sterben. Ich durfte immer wieder erfahren, dass Menschen so sterben, wie sie gelebt haben, ja dass man sogar sein Sterben beeinflussen kann. Ich bin mir bewusst, dass jeder Mensch seinen eigenen Tod stirbt. Jeder Tod ist geprägt vom gelebten Leben, von der Einstellung zur eigenen Endlichkeit und der Vorstellung über das, was nach dem Tod geschehen wird.

Meine Erfahrung zeigt mir immer wieder, dass Ängste und die Unfähigkeit, loslassen zu können, im Vordergrund stehen. Die Angst kann sich sogar bis zur Todesangst steigern. Wer Angst hat, kann nicht loslassen – wer nicht loslassen kann, hat Angst.

Einige Beispiele in diesem Buch mögen aufzeigen, wie andere Menschen dem Sterben begegnet und wie sie hindurchgegangen sind. Auch sie hatten Angst.

Was mich als Sterbebegleiterin sehr beeindruckt und auch fasziniert, sind die heiligen Momente des Übergangs. Die Wechsel zwischen den Ebenen. Das Verweilen im Hier und Dort, bis schließlich das Tor zum Licht gefunden wird. Diese Verschiebungen im Realitätsbezug sind für uns Außenstehende nicht nachvollziehbar, doch sind sie da und für den Sterbenden eine wichtige Aufgabe, die es vor seinem Übergang zu bewältigen gilt. Ich hoffe, dass es mir gelingt, etwas Verständnis und Licht in dieses heilige Geschehen zu bringen. Der Sterbeprozess ist und bleibt ein großes Mysterium.

Als Krankenschwester und Sterbebegleiterin meine ich die nötige Erfahrung mitzubringen, um über diese sensiblen, heiligen Augenblicke des Übergangs schreiben zu dürfen. Immer wieder wurde und werde ich in Situationen geführt, die mit Sterben und den Stunden vor dem Übergang zu tun haben; und immer wieder begegnen mir Sterbebegleiterinnen, die ähnliche Erfahrungen machen durften.

Doch Erfahrung alleine genügt nicht. Ich hätte wohl nicht genügend Kraft und Mut, wäre da nicht auch eine innere Berufung spürbar. Gott und seine Engel wünschen, dass diese Dinge offenbart werden: Durch sie erhalte ich Inspiration, Licht und Kraft. Ich bin eins mit der unendlichen Kraftquelle in mir, die *Gott* heißt. Ich muss also dieses Werk nicht alleine vollbringen. So ist es auch bei den Sterbebegleitungen. Gott und seine Boten sind immer gegenwärtig. Kein Begleiter und kein Sterbender ist in diesen Stunden sich selbst überlassen.

Freude und Dankbarkeit erfüllen mich, wenn ich an jene Menschen denke, die ich auf dem letzten Lebensabschnitt begleiten durfte: Sie alle, die mir vorgelebt haben, wie man den Tod zum größten Lebenswerk gestaltet. Bis man sprechen kann: „Vater, in Deine Hände empfehle ich meinen Geist."

•

1.

ERLEBNISBERICHTE UND SPIRITUELLE ERFAHRUNGEN

DER STERN VON BETHLEHEM

Eine Geschichte, die ich in der eigenen Verwandtschaft erleben durfte, hat mir einmal mehr bewusst gemacht, dass Menschen ihren Tod vorausahnen können.

Als mein Mann und ich in Begleitung von Verwandten den Weihnachtsgottesdienst besuchten, wurde in der Kirche das Lied „Das isch de Stärn vo Bethlehem" (Das ist der Stern von Bethlehem) gesungen. Das Lied kommt im schweizerdeutschen, für einen Kinderchor geschriebenen und komponierten, Weihnachtsspiel „D Zäller Wiehnacht" vor.

Die letzte Strophe des Liedes lautet:
Lobed und danked eusem Stärn
Folged ihm noh und folged gärn!
Eimal, dänn winkt er eus und trait

Über-n-eus i d'Ewigkeit,
Über-n-eus i d'Ewigkeit

(In der Schriftsprache: Lobt und dankt unserem Stern / folgt ihm nach und folgt ihm gern/ Einmal, da winkt er uns und trägt uns hinüber in die Ewigkeit.)

Meine Tante schubste mich leicht an und flüsterte mir zu: „Mich holt auch einmal der Stern von Bethlehem."

„Ja, vielleicht, aber nicht gar so schnell, nicht wahr", flüsterte ich zurück.

Zwei Jahre danach sollten sich die Worte meiner Tante erfüllen. Die alleinstehende Frau, die für die ganze Verwandtschaft immer viel getan hatte, wurde ernsthaft krank und brauchte Hilfe. Wir haben uns abwechselnd und so gut es eben ging um sie gekümmert, um ihr etwas von ihrer Liebe und Fürsorge zurückgeben zu können. Aber schließlich kamen wir alle an einen Punkt, von dem aus es einfach nicht mehr weitergehen konnte. Trotz besten Willens waren wir nicht mehr fähig, die immer anstrengender werdende Pflege zu bewältigen Der Zeitpunkt einer Verlegung ins Pflegeheim war gekommen.

Heiliger Abend, 17 Uhr: Der Lebenswille meiner Tante reichte nicht mehr aus, um gegen die Krankheit zu kämpfen. Es war meine Aufgabe, ihr dies bewusstzumachen.

Ich setzte mich ans Bett von Tante A.: „Schau, meine Liebe, Du weißt, dass wir Dich lieben, und Du weißt auch, das wir traurig sein werden, wenn Du uns verlässt. Aber Du spürst, dass Dein Körper kraftlos geworden und der Moment gekommen ist, da Du heimgehen darfst. Mein Mann und ich haben Dir versprochen, während der Weihnachtstage bei Dir zu bleiben. Aber ich muss Dir sagen, dass wir Dich nach den

Feiertagen in ein Pflegeheim bringen müssen, weil die Pflege uns überfordert. Wenn Du in Deinem Haus und in unserer Gegenwart sterben und heimgehen möchtest, dann wäre jetzt der richtige Zeitpunkt. Gibt es einen schöneren Augenblick für den Übergang, als an Weihnachten ins ewige Licht zu gehen – dorthin, wo schon alle Deine Lieben auf Dich warten?"

Tante A. hat mich mit großen Augen nochmals lieb angeschaut und geflüstert: „Danke." Das war das letzte Wort, das sie gesprochen hat.

Um 18 Uhr ist die Krankenschwester gekommen. Wir haben Tante A. nochmals das Bett gerichtet und es ihr bequem gemacht. Sie hat alles still geschehen lassen. Danach hat die Krankenschwester Morphium gespritzt. Um 20 Uhr, als Tante A. ruhig und tief schlief, wollten mein Mann und ich Weihnachten feiern. Ich war jedoch so erschöpft, dass ich neben unserem Weihnachtsbäumchen weinte und sagte: „Ich möchte jetzt nur noch ein paar Stunden schlafen." So hat dann mein Mann Werner ganz alleine bei der Kranken gewacht. Um Mitternacht bin ich dann plötzlich aufgewacht. Werner versicherte mir, dass die Tante während der ganzen Zeit ruhig geschlafen habe. Ich spürte jedoch sofort, dass sich etwas verändert hatte. Da war kein Widerstand mehr. Die Schwerkranke hatte sich dem Willen Gottes anheimgegeben. Sie war bereit, ganz und gar loszulassen.

Es ist immer ergreifend, wenn ein Sterbender so weit ist, dass er sich vertrauensvoll Gott überantworten kann. Oft höre ich von Schwerkranken: „Ich will jetzt endlich sterben." Solange jedoch noch der eigene Wille regiert, ist ein Loslassen nicht möglich. Der Übergang ist erst dann möglich, wenn der Mensch seine Einwilligung gibt und sich in totaler Hingabe Gott anvertraut.

Nachdem ich die Wache am Krankenbett wieder übernommen hatte, stellte ich in den Morgenstunden fest, dass die Schmerzen und auch die Atemnot wieder eingesetzt hatten. Meine Tante wurde erneut unruhig. Eine zweite Morphiumspritze brachte Erleichterung. Als die Krankenschwester am Weihnachtsmorgen um 8 Uhr kam, war Tante A. nicht mehr bei Bewusstsein. Sie reagierte auf nichts und niemanden. Mein Mann und ich blieben nun dauernd bei ihr. Ich sah, dass es bald zu Ende gehen würde. Die Heimkehrende atmete schwer. Ihre Lippen hatten sich blau verfärbt. Um 10.15 Uhr, während die Kirchenglocken zum Festtagsgottesdienst einluden, ist Tante A. ganz ruhig, mit einem Lächeln auf dem Gesicht, von uns gegangen. Sie hat einfach zu atmen aufgehört. Der Weihnachtsstern hat sie ganz sanft hinüber begleitet. Wir erinnerten uns an ihr Lieblingslied, und dass sie am Weihnachtsgottesdienst vor zwei Jahren gesagt hatte: *„Mich holt auch einmal der Stern von Bethlehem.“* Wir waren traurig, aber dennoch auch tief getröstet und beglückt.

Der Stern von Bethlehem…
Eimal, dänn winkt er eus und trait
Über-n-eus i d'Ewigkeit,
Über-n-eus i d'Ewigkeit

Es schwebte ein solcher Weihnachtsfrieden im Raum, und so viel Licht erfüllte das Zimmer. Die heiligen Energien um uns waren fast greifbar. Es wirkte so viel Liebe, eine solche göttliche Liebe im Raum, als die Seele sich anschickte, den Körper zu verlassen. Wir waren glücklich, dass unsere liebe Tante nun abgeholt worden war. Es war uns bewusst: In der Geistigen Welt existiert sie weiter und bleibt mit uns in Liebe verbunden. Diese Liebe stirbt nie und gibt uns Kraft in den Stunden des Abschieds.

Danach ging es darum, der Verstorbenen den letzten Liebesdienst zu erweisen. Mit der Spitex-Schwester haben wir Tante A. gewaschen und eingekleidet. Es ist für die Verarbeitung der Trauer sehr wichtig und heilsam, wenn dieser sinnliche Umgang mit dem toten Körper von den Angehörigen wahrgenommen und ausgeführt wird. Man braucht keine Angst zu haben vor dem Leichnam. Gewiss, es erfordert ein wenig Überwindung, um sich der Situation zu stellen. Aber mir wurde, nachdem ich mit Angehörigen diesen letzten Liebesdienst ausgeführt hatte, schon oft gesagt, dies sei eine wunderbare Erfahrung gewesen. Man habe viel Liebe gespürt, sie sei förmlich zwischen ihnen und ihrem liebsten Menschen hin- und hergeflossen. Natürlich kann von trauernden Menschen nicht verlangt werden, dass sie diesen letzten Liebesdienst übernehmen. Niemand sollte genötigt werden. Man kann auch im Hintergrund einfach still daran teilnehmen.

Weil wir keine frischen Blumen hatten, um den toten Körper zu schmücken, hat mein Mann das Christbäumchen ins Zimmer getragen und neben die friedlich daliegende Tante gestellt. Das Bild war so schön und hat uns tief bewegt. Es gab in diesem Moment keinen Platz für einen Abschiedsschmerz. Weihnachten im Himmel zu feiern, muss herrlich sein.

Als der diensthabende Arzt kam, um die Todesurkunde auszustellen, war auch er tief ergriffen. Er sagte zu uns: „Gibt es etwas Schöneres, als am Weihnachtsmorgen im Alter von fünfundneunzig Jahren zu Hause einschlafen zu dürfen?" Ich glaube, wir waren uns alle einig, dass solch ein Sterben eine Gnade ist. Es gibt keinen Stachel des Todes. Ja, der Stern von Bethlehem hat Tante A. am Weihnachtsmorgen den Weg ins Licht gewiesen.

Biblisch gesehen, spielt der „Stern" eine große Rolle. Die Drei Könige haben einen Stern gesehen und ließen sich von ihm leiten. Das Licht eines Sterns hat einen besonderen Glanz. Schon als Kind hatte ich große Freude, wenn der Nachthimmel voller Sterne leuchtete. Eines von meinen Lieblingsliedern war: „Weißt du wie viel Sternlein stehen." Auch uns weist der Stern von Bethlehem den Weg. Weihnachten lädt uns dazu ein, für andere zum Stern zu werden, der ihre Nacht erhellt und ihnen ein Gefühl von Geborgenheit schenkt.

Damals erlebten mein Mann und ich kein übliches Weihnachtsfest. Wir saßen nicht mit unseren Kindern und Enkelkindern in unserer Wohnstube beim Weihnachtsbaum. Haben wir etwas verpasst? Nein! Wir erlebten eine ganz außergewöhnliche Weihnacht: Der Weihnachtsstern ist in unseren Herzen aufgegangen. Sein Licht hat uns in diesen heiligen Stunden des Abschieds mit Himmel und Erde verbunden. Noch heute muss ich daran denken, wenn wir das Lied vom Stern von Bethlehem singen. In der Familie singen wir es jede Weihnacht, und auch unsere Enkel wissen genau, welche tiefe Bedeutung das Lied für uns hat.

In dieser Geschichte leuchtet der Stern von Bethlehem als tröstlicher Leitstern. In anderen Berichten hört man von trauernden Müttern und Vätern, dass sie ihren Kindern eine andere Sternenbotschaft mitgeben: „Schau, wenn du am Abend traurig bist, in den Sternenhimmel. Der Stern, der am hellsten glänzt, ist deine Mami oder dein Papa."

Es ist die Sehnsucht nach unserer Heimat, die uns beim Anblick des Sternenhimmels daran erinnert, wo wir hingehören und wohin wir zurückkehren dürfen, wenn unsere Zeit auf Erden vollendet ist.

STERBEN IM KREISE DER FAMILIE

Daisy, eine unternehmungslustige Frau, eine Frohnatur, sah sich im Alter von siebenundvierzig Jahren mit der Diagnose Lungenkrebs konfrontiert. Ihre Schwester Zita erzählt von Daisys letzter Lebensphase.

Meine Schwester hat die Krankheit angenommen. Nie hat sie geklagt oder gehadert. Sogar in den schwersten Stunden leuchteten immer wieder ihre tapfere Lebenshaltung und ihr Humor auf. Daisy half uns, den Schmerz des Abschieds leichter zu ertragen.

Daisy hatte sich gewünscht, zu Hause zu sterben. Wir stellten das Krankenbett im Esszimmer auf. Acht von uns dreizehn Geschwistern und auch die Eltern hielten abwechselnd am Bett Wache, rund um die Uhr.

Einmal saß ich neben meiner todkranken Schwester und las in einem Gebetbuch. Daisy war in einen Krimi vertieft und sagte plötzlich in die Stille hinein: „Du denkst sicher, dass jemand, der dem Tod so nahe ist wie ich, sich vorbereiten und nicht nur einen Krimi lesen sollte?" Ich entgegnete lachend: „Bleib du nur, wie du bist. Der Herrgott kennt dich ja. Aber sicher weißt du überhaupt nicht mehr, wie viele Tote in deinem Krimi schon vorgekommen sind."

Manchmal wurden an Daisys Bett Witze gemacht. Ab und zu schickte meine Schwester jemanden aus dem Zimmer: Man durfte sich eine Rauchpause gönnen, Daisy wollte uns keinen Verzicht auferlegen.

Als sich einmal unsere Mutter ans Bett setzte, war sie tief traurig, wusste sie doch, dass sie bald ein zweites ihrer Kinder Gott würde zurückgeben müssen. Aber Mamas leidvolles Gesicht gefiel Daisy gar nicht: „Bitte, Mama, nicht so." Unsere Mutter verstand, was gemeint war. Sie ging aus dem Zimmer, zog ein festliches Kleid an, machte sich hübsch, parfümierte sich und kam dann ins Zimmer. „Ja, jetzt ist's gut, so kannst du bleiben", meinte Daisy.

Mama hatte richtig reagiert. Ihr festliches Äußeres gab dem Abschied eine eigene Würde und brachte zum Ausdruck, dass ihr geliebtes Kind zu einem himmlischen Mahl geladen würde. Es spricht für unsere Mutter, dass sie den Wunsch ihrer Tochter in ihrem Herzen verstand und respektierte.

Als die Atmung für Daisy trotz intensiver medizinischer Hilfe immer anstrengender wurde, habe ich versucht, meine Schwester aktiv zu unterstützen. Ich presste im Rhythmus der Atmung meine Hände auf Daisys Brust, um die Ausatmung zu erleichtern. Während dieser Atemunterstützung sagte Daisy plötzlich: „Nicht wahr, Zita, wenn alles vorbei ist, bringt ihr meinen Körper bitte nach Liestal."

„Ja, Daisy, das machen wir", erwiderte ich, obwohl meine Kehle wie zugeschnürt war. „Liestal", das bedeutete in unserem Fall die Pathologie. Daisy war entschlossen, ihren Körper den Ärzten und angehenden Medizinern zur Verfügung zu stellen. Sie hatte ihren Beruf als Pflegerin mit Leidenschaft ausgeübt; und so wollte sie auch nach dem Tod der Medizin und der wissenschaftlichen Schulung dienen.

Als der Sterbeprozess begann, wurde Daisy immer unruhiger. Sie sprach nur noch Französisch, ihre erste Muttersprache. Mir war, als sei sie schon in einer anderen Sphäre, in der Geistigen Welt. Laut und inständig wiederholte sie immer wieder die Sätze: „Gott, verzeih mir. Verzeih mir alles. Habe Erbarmen mit mir. Ich bitte dich inständig darum. Es tut mir so leid."

Diese flehentlichen Bitten schnitten allen, die sie hörten, ins Herz. Ich wollte Daisy beruhigen: „Beruhige dich, der Herrgott ist gütig und barmherzig. Er hat dir schon alles verziehen."

Aber Daisy, die unversehens wieder in der Gegenwart war, sagte beinahe strafend zu mir: „Schweig, das verstehst du nicht."

Intuitiv spürte ich, was Daisy mir sagen wollte. Daisy hatte heiligen Boden betreten, einen heiligen Ort des Schweigens, wo das Verstehen allumfassend ist und es keiner Begründungen mehr bedarf. Heute weiß ich besser als damals, dass jeder Sterbende seinen eigenen Weg gehen und auf seine ganz persönliche Weise das Tor zum Licht finden muss.

In einer nächsten Phase betete Daisy fast unablässig, auch unser Kinder-Nachtgebet „Müde bin ich, geh zur Ruh, schließe meine Äuglein zu. Vater lass die Augen dein, über meinem Bette sein. Amen." Mehr als tausend Mal haben wir das als Kinder gebetet. Jetzt aber, vor der sterbenden Schwester stehend, bekam das Kindergebet für mich eine neue Bedeutung.

Später folgten ausschließlich Lobgebete, mit allen Worten, die ihr in den Sinn kamen, betete sie laut und innig: „Dir sei alle Ehre. Ihm gehört alles Lob. Lobet Ihn. Der Herr sei gelobt. Gelobt sei Jesus Christus..." Dann hielt sie inne und wiederholte immer wieder die letzten vier Worte: „Gelobt sei Jesus Christus..."

Sie drängte uns, diese Worte zu ergänzen – aber wir Geschwister, zu unserer Schande sei es heute gesagt, konnten einfach nicht verstehen, was Daisy von uns hören wollte. Erst nachdem Daisy gestorben war, erinnerte sich die jüngste Schwester, dass die Worte „In Ewigkeit. Amen." gefehlt hatten.

In unserer Familie sind drei Schwestern Klosterfrauen. Daisy betete in ihrer allerletzten Lebenszeit sicher mehr als unser ganzes „Haus-Kloster" zusammen. Beeindruckt hat mich vor allem auch die Intensität, mit der Daisy betete. Sie hatte sich nie ausgesprochen fromm gegeben, allerdings spürte man immer, dass sie bei Gott Halt fand. In ihren letzten Lebensstunden jedoch zeigte sich uns die Tiefe ihrer Seele – der Edelstein im Innersten eines jeden Menschen.

Einen ganz bestimmten Augenblick werden wir alle gewiss nie vergessen. Ich bin mir sicher, dass Daisy eine Vision hatte. Völlig unerwartet setzte sie sich auf, breitete die Arme aus und rief : „Oh, ist das schön! So schön! Du bist w-u-n-d-e-r-b-a-r!"

Ihre Augen leuchteten, ihr ganzes Gesicht strahlte – dieses überirdische Strahlen kann ich nicht in Worte fassen. Alle, die wir diesen Augenblick erleben durften, waren tief beeindruckt. Wir wussten jetzt, dass Daisy den Heimweg gefunden hatte. Es war für uns alle ergreifend schön, mystisch, heilig – oder wie immer man dieses Erlebnis auch nennen mag.

Mitten in die tiefe Ergriffenheit hinein sagte Daisy: „Ihr könnt jetzt wieder rauchen. Es macht mir nichts mehr aus." Nachdem wir uns von diesem abrupten Stimmungswechsel ein bisschen erholt hatten, mussten wir lachen – alles war im wahrsten Sinn des Wortes ver-rückt.

Ich denke, dass Daisy einen Blick in die andere Wirklichkeit hatte werfen dürfen – und von da an wusste sie wohl, dass sie ihren Körper nicht mehr nötig hatte und die Umgebung deshalb auch keine Rücksicht auf ihn zu nehmen brauchte. In ihrem Herzen hatte sie erkannt, was ihre Augen bald sehen, ihre Ohren bald hören würden und was Gott für sie bereithielt. Aus dieser Freude und Erkenntnis heraus konnte ihr nichts mehr etwas anhaben. Sie hatte sogar Mitleid mit allen, die noch in dieser Welt leben müssen. Nur so ist das zu verstehen, was sie zum Priester sagte, der sie nochmals besuchte: „Ihr sind alli armi Chaibe, dass ihr bliebe müend." (Ihr alle seid arme Geschöpfe, weil ihr noch hier bleiben müsst.)

Später wurde Daisy wieder unruhig. Eines der Geschwister wollte sie mit den Worten beruhigen: „Schau, wir sind alle bei dir – und der Heiland auch."
Da richtete sich unsere Schwester mit letzter Kraft auf, schaute sich fragend um: „Wo ist er? Ich sehe ihn nicht." Man musste ihr erklären, dass man an das Kreuz an der Wand gedacht hatte. Bald danach wollte Daisy, dass man auch die Haustüre öffnete: „Lasst alle hereinkommen, es stört mich nicht." Ein Bruder ging hin und öffnete die Türe zum Flur. Es war ja Januar und sehr kalt – und Daisy würde gewiss nicht wahrnehmen, dass lediglich die Flurtüre geöffnet wurde. Aber dem war nicht so, unsere Schwester wies den Bruder an, doch

wirklich die Haustüre zu öffnen. Zum Glück schlief Daisy bald danach wieder ein, so dass die Haustüre geschlossen werden konnte.

Als sie wieder erwachte, sagte sie klar und deutlich: „Ihr könnt jetzt essen gehen, und vergesst den Käse nicht." Da es 3 Uhr in der Früh war, mussten wir insgeheim lachen, dass uns Daisy zum Essen schickte und ihr sogar Käse wichtig war. Kurz danach sagte sie ganz ruhig und gefasst: „Gehen wir." Mit wem sie gehen wollte, wussten wir nicht. Aber es klang selbstverständlich und entschieden. Nach diesen Worten drehte sie den Kopf zur Seite und tat ihren letzten Atemzug.

Mutter fand als erste die Worte: „Gott sei Dank." Wir anderen konnten nur auf unsere Schwester starren und uns bewusst machen, dass sie uns verlassen hatte und niemals zu uns zurückkehren würde. Doch selbst in diesem Schockzustand, inmitten dieser Traurigkeit und im Schmerz des vermeintlichen Verlustes, kamen auch Gefühle der Dankbarkeit auf, dass unsere Schwester nun erlöst war. In diesem Gefühl fand der Vorschlag eines der Geschwister bei uns allen Anklang: Wir stießen mit einem Glas Champagner auf unsere Schwester und auf das Wohl des Himmels und der Erde an.

Etwas später kleideten meine jüngste Schwester Trudy und ich Daisy ein. Sie trug nun ihr Lieblingskleid, einen himmelblauen, golddurchwirkten Sari, ein indisches Gewand – sie sah wunderschön aus. Indien hatte in Daisys Herz immer einen stillen, heiligen Platz eingenommen. Jahrelang hatte sie indische Kinder finanziell unterstützt, um ihnen eine Ausbildung zu ermöglichen.

Es wurde Morgen – Zeit zum Frühstück. Aus dem Wohnzimmer klang Händels „Halleluja". Trudy wollte uns mit dieser Musik an die Auferstehung erinnern.

Diese wundervolle Geschichte hat mir ihre Schwester Zita anvertraut. Sie nahm an dem Seminar „Spirituelle Sterbebegleitung" in Bern teil, und beim Erfahrungsaustausch gab sie ihre Erlebnisse an die ganze Gruppe weiter. Wir alle waren tief berührt und bereichert.

Zita schildert uns den Grenzbereich zwischen Leben und Tod. Dies sind Gottes-Erfahrungen, die ich auch Gnade nenne. Sie sind dennoch keine Seltenheit. Durch die Bewusstseinserweiterung des Sterbenden verändert sich die Beziehung mit Gott. ER tritt mit der ganzen Intensität ins Leben und Sterben. Worte wie: „Lieber Gott, verzeih mir. Oh, du bist wunderbar, so schön, Dir sei alle Ehre", zeugen davon. Solche und ähnliche Situationen habe ich schon mehrmals erlebt.

Die Schwerkranken wechseln immer wieder einmal die Ebenen. Manchmal sind sie bei uns mit ihrer ganzen Persönlichkeit, und dann schweben sie anscheinend wieder zwischen Himmel und Erde. Sie befinden sich in einer anderen, feinstofflichen, göttlichen Dimension. Daisys Sterben ist voll von solchen spirituellen Erfahrungen wie auch von tiefen Stimmungs- und Gefühlswechseln. Diese Verschiebungen sind nicht bei allen Sterbenden derart intensiv wie bei Daisy. Es ist aber wichtig zu wissen, dass sie vorkommen können. Es handelt sich dabei nicht etwa um Geistesverwirrungen.

EHRFURCHT VOR DEM STERBEN

Die „Vereinigungen zur Begleitung Schwerkranker", die mit freiwilligen Helfer/innen arbeiten, tragen dazu bei, dass Schwerkranke und Sterbende achtsam begleitet und ihre Bedürfnisse wahrgenommen werden. Es gibt sie in vielen Spitälern und Städten. In diesen Gruppen finden auch immer wieder Zusammenkünfte statt, bei denen man seine Erfahrungen austauschen kann.

Eine dieser erfahrenen freiwilligen Helferinnen, ich nenne sie hier Simone, teilte mir nach einer Zusammenkunft mit, sie habe etwas Wunderbares erlebt. Es habe sie tief beeindruckt. Dieses Erlebnis sei für sie so kostbar, dass sie es nicht mit allen teilen wolle, weil es allenfalls als Fantasie abgetan werden könnte. Mir wolle sie es anvertrauen, weil ich schon Ähnliches erfahren habe.

„Ich wurde von der Spitalseelsorge aufgeboten, bei einem sehr unruhigen Patienten zu wachen. Er war sehr aktiv und wollte immer weggehen. Schon während der vorhergehenden Nacht, als eine andere Betreuerin gewacht hatte, war er sehr unruhig gewesen. Er wollte immer aufstehen und gehen, gehen, gehen.

Als ich bei ihm war und er wieder diesen seltsamen Bewegungsdrang hatte, fragte ich ihn, ob ich ihn begleiten dürfe. Er wehrte ab. Nein, diesen Weg müsse er alleine gehen, niemand könne ihm helfen. Schließlich sind wir dann doch gemeinsam auf dem Spitalkorridor gewandert und gewandert, mitten in der Nacht. Weshalb? Wie lange? In dieser Situation bedurften derartige Fragen keiner Antwort. Es war das gemeinsame Unterwegssein, das den schwerkranken Menschen beruhigte.

Zum Glück wurde Herr W. dann müde, und ich konnte ihn dazu bewegen, sich wieder ins Bett zu legen. Bald schlief er ein. Nach einiger Zeit wollte der Patient, dass ich das Fenster öffne und es geöffnet lasse: Das kam im Befehlston daher. Ich versicherte ihm, dass ich seinen Wünschen gemäß handeln werde. Er könne jetzt ruhig weiterschlafen.

Mir war schon lange bewusst, dass Herr W. auf dem Heimweg war, dass seine Seele fortgehen wollte und er nach einem Ausgang suchte. Am Schluss konzentrierte er sich auf das Fenster. Mehrmals, wenn er kurz aus dem Schlaf erwachte, erkundigte er sich nach dem Fenster und wollte auch wissen, ob mit dem Vorhang alles in Ordnung sei. Gegen Morgen durfte ich nach Hause gehen, weil Herr W. nun ruhig schlief.

Am anderen Tag war der Patient ruhiger. Er schlief viel, doch immer wieder wollte er spontan aufstehen und gehen. So wurde ich nochmals angefragt, ob ich bis Mitternacht wachen würde. Als ich um 20 Uhr meinen Dienst antrat, teilte mir die Krankenschwester mit, im Moment schlafe Herr W. ruhig.

Leise trat ich ins Zimmer, schloss behutsam die Türe und blieb dort einen Moment stehen. Ich spürte einen unendlichen Frieden, der das ganze Zimmer erfüllte. Es herrschte eine heilige Atmosphäre. Auch viel Freude und Glück. Ich blieb in ehrfürchtigem Staunen stehen. Dann bemerkte ich, wie sich der Vorhang im Zimmer ganz von alleine bewegte. Dies war keine Einbildung, ich nahm es deutlich wahr.

Ganz vorsichtig näherte ich mich nun dem Schwerkranken. Sein Gesicht war so verklärt. Ich fühlte seine Nasenspitze. Sie war ganz kalt. Ich erkannte, dass der Kranke soeben seinen Körper verlassen hatte. Er hatte sein irdisches Dasein beendet und kehrte heim ins Licht. Ich wollte diesen heiligen Moment nicht unterbrechen, wollte diese göttliche Ruhe nicht stören. Ganz ruhig legte ich meine Hand auf das Herz des Mannes und betete still. Ich empfand ein starkes Glücksgefühl der Erlösung. Er ging auf die andere Seite, ins ewige Leben.

Es war für mich ein großes Geschenk, so etwas unbegreiflich Schönes erfahren zu dürfen. So etwas hatte ich noch nie erlebt. Erst nach einiger Zeit bin ich zu den Schwestern gegangen, um den Tod des Patienten zu melden. Sofort haben die üblichen Aktivitäten begonnen: Den Arzt rufen, den Toten schön herrichten und anderes mehr.

Die heilige Atmosphäre wurde unterbrochen.

Ich war so froh, dass ich nicht sofort Bescheid gesagt hatte. Ich wurde dann von den Krankenschwestern nach Hause geschickt. Man benötigte nun meine Hilfe nicht mehr und bedauerte es, mich vergeblich gerufen zu haben. Wenn die wüssten!

Ich bin noch nie so glücklich und so reich beschenkt nach einem Einsatz nach Hause zurückgekehrt wie damals."

Jenseits des Schweigens
dem wir lauschen
wird eine Stimme klingen.

Jenseits der Finsternis
die uns umkreist
wird ein Licht brennen.

Jenseits der Leere
die uns füllt
wird eine Seele schweben.

GALSAN TSCHINAG
(MONGOLISCHER STAMMESHÄUPTLING,
SCHAMANE UND SCHRIFTSTELLER)

DIE SUCHE NACH DURCHGANG
UND ÖFFNUNG

Immer wieder erleben wir als Begleiter/innen unruhige Patienten, die aufstehen und nach Hause gehen wollen, obwohl ihnen dazu die physische Kraft fehlt.

Derart unruhigen Sterbenden ist oft geholfen, wenn man ihnen vermitteln kann, dass sie einfach warten sollen, bis sie abgeholt werden. Das folgende Beispiel, berichtet von einer Helferin namens Annelies, macht dies sehr schön deutlich.

„Als ich die Patientin zum ersten Mal sah, ging sie im Zimmer immer wieder hin und her. Sie war von einer heftigen Unruhe ergriffen. Ich habe sie zum Sitzen aufgefordert. Als sie nach mehrmaliger Aufforderung endlich so weit war, befanden sich jedoch ihre Beine immer noch in ständiger Bewegung, sie unterbrach ihre Bewegung auch im Sitzen nicht. Ich habe meine ganze mentale Kraft eingesetzt und um Hilfe gebeten. Mit der Zeit wurde die Patientin doch etwas ruhiger.

Einige Tage danach und bei der zweiten Begegnung habe ich Frau M. im Bett angetroffen. Sie hatte keine Kraft mehr zum Aufstehen. Ihre Unruhe war jedoch immer noch sehr ausgeprägt. Ständig stieß sie mit ihren Füßen gegen die Bettstatt. Ich fühlte, dass Frau M. irgendwohin strebte, und fragte sie: „Wohin drängt es Sie, wohin möchten Sie gehen?" Keine Antwort, es war nicht mehr möglich, verbal zu kommunizieren. Da habe ich mich nahe zu ihr an den Bettrand gesetzt, ihre Hände gehalten und ganz ruhig und bestimmt gesagt: „Wissen Sie, Frau Müller, Sie müssen nirgendwohin gehen, Sie können ruhig hier bleiben und warten. Sie werden abgeholt, man erwartet Sie schon." Die schwerkranke Frau verstand die Botschaft. Sie wurde sofort ruhig und hörte auf, mit den Füßen gegen die Bettstatt zu stampfen. Ich war verblüfft und auch sehr dankbar, dass meine Worte der Patientin geholfen hatten. Ich bin sicher, es waren Gottes Engel, die mir die richtigen Worte eingegeben haben. Ich hatte ja um Hilfe gebeten in dieser schwierigen Situation.

Als die Krankenschwester ins Zimmer kam, um nach Frau Müller zu sehen, war sie sehr erstaunt, die Patientin ruhig schlafend anzutreffen. Sie fragte mich: „Was haben Sie mit der Patientin angestellt?" Ich sagte, dass ich einfach beim Bett gesessen sei und nonverbal mit der Frau gesprochen habe. Mit meiner Antwort konnte die Krankenschwester nicht viel anfangen. Sie ging wieder aus dem Zimmer, um sich um andere Patienten zu kümmern – und war vermutlich froh, ein Problem weniger zu haben."

Im Gespräch habe ich Annelies gefragt: „Bist du nicht auch überzeugt, dass es Gottes Führung war? Dass er durch dich gewirkt hat und dich die rechten Worte sprechen ließ?" Sie antwortete mir: „Ja, ich weiß es. Aber in jener Situation hatte ich nicht den Mut, der gestressten Krankenschwester zu erklären, was nach meinem Gefühl zur Beruhigung der Patientin geführt hatte. Ich war einfach dankbar und glücklich, dass ich „Engel" hatte sein dürfen."

Das war sicher eine spirituelle Botschaft, die Annelies empfangen hat und weitergeben durfte. Man muss eine solche Botschaft jedoch auch erkennen können. Ich glaube, solche

Eingebungen spürt man zuerst in der Seele, danach spricht man sie aus und sie können vom Gegenüber wahrgenommen werden. Ich habe mich auch schon gefragt, weshalb wir Angst empfinden oder zumindest nicht den Mut haben, von dieser Ebene zu erzählen.

In bestimmten Situationen bin auch ich schon zu feige gewesen, von Gott zu sprechen, obwohl er überall und in Allem gegenwärtig ist. Zögerlich bin ich vor allem, wenn ich spüre, dass da ein Kranker ist, der nichts mit Religion zu tun haben will. Mir wurde auch schon deutlich gemacht, dass man nicht an Gott glaube. Fragte ich dann, an was denn überhaupt geglaubt werde, waren die Antworten so unterschiedlich wie die verschiedenen Glaubensvorstellungen. Wichtig ist die Erfahrung: In den letzten Lebensstunden ist der Glaube an eine höhere Macht immer präsent – auch wenn ihr nicht der Name Gott gegeben wird.

DIE HILFE DER ENGEL

Bei meinen Begleitungen am Krankenbett darf ich immer wieder miterleben, was sich ereignet, wenn ein Sterbender diese Erde verlässt und seine Seele bereit ist, die Schwelle zu überschreiten. Der Schimmer einer anderen Wirklichkeit wird auch für den Begleitenden spürbar.

Die spirituelle Dimension hat sich für den Sterbenden aufgetan. Sein Bewusstsein ist nun licht und hell. Am Ende des Weges wird die Seele von ihrem Schutzengel und anderen lichten Wesen, die helfen wollen, erwartet und weitergeführt. Engel und Geistwesen begleiten uns beim Übergang. Unser Weg führt heim ins Licht.

Es ist nicht mit absoluter Sicherheit feststellbar, ob Engel selbstständige Wesen oder lediglich Bilder für Gottes liebende und tröstende Gegenwart sind. Mit den Engeln verbindet sich unsere Sehnsucht nach Hilfe, Führung und Heilung. Diese Sehnsucht ist im Menschen angelegt. Gewiss sind Engel für uns Botschafter einer anderen, tieferen Wirklichkeit.

Ich lebe meine Vision. Ich bin überzeugt, in jedem Menschen ist eine Vision angelegt. Eine Vision ist die höhere Sicht des eigenen Wesens, sie lässt uns Zusammenhänge erkennen und bringt uns zu uns selbst. Ein Mensch, der Angst hat, kann keine Vision haben, weil er nicht offen, sondern steif und verkrampft ist. Eine Vision ist von Freude erfüllt, sie führt uns in die himmlische Freude.

Kann ein Mensch Freude erkennen bei seinem Übergang? Ja und Nein. Was wissen wir schon, was in diesen letzten

Stunden im Inneren eines Menschen abläuft. Wir können es nur erahnen. Der Übergang bleibt letztlich ein Mysterium.

Eindeutig festzustellen ist jedoch Todesangst. Wenn mir eine todkranke Frau sagt, sie habe keine Angst vor dem Tod, nur vor dem Nicht-mehr-Sein, dann kann ich erkennen: Sie fürchtet sich vor der Ungewissheit, vor dem Nichtwissen, was mit ihr geschehen und wo sie hinkommen wird. Diese Frau wusste um ihre unsterbliche Seele, konnte jedoch dieses Wissen nicht umsetzen.

Angst zu haben, ist eine zutiefst menschliche Regung. In seinem Menschsein hatte auch Jesus Christus Angst, als er am Ölberg mit Gott sprach. Sobald der Sterbende seine Persönlichkeitsebene verlassen und die spirituelle Ebene erreicht hat, verschwindet die Angst. In diesem Stadium des Übergangs bedarf der sterbende Mensch keiner Hilfe mehr.

Stellen wir uns diese Ängste einmal konkret vor:

- Wir stürzen in einen Abgrund.
- Der Boden unter unseren Füßen wird uns weggezogen.
- Wir stürzen und können uns im Fallen an einem Ast festhalten, den wir umklammern.
- Solange wir uns daran festhalten, stürzen wir nicht weiter ins Ungewisse.
- Die Angst ist groß, sie ist panikartig.
- Wie lange reichen meine Kräfte, um mich festhalten zu können?
- Wie lange dauert es noch, bis ich ins Ungewisse abstürze?
- Was passiert dann mit mir?
- Wohin falle ich?

- Werde ich von jemandem aufgefangen?
- Von wem?
- Gibt es den totalen Abgrund vielleicht gar nicht?
- Ist immer etwas oder jemand da, der mich auffängt?
- Ja, da ist Gott!
- Wenn ich darauf vertraue und glauben kann, lösen sich Angst und Verkrampfung auf – und ich lasse los.
- Ich vertraue und erkenne: Ich kann nie tiefer fallen als in Gottes Arme.

STERBEN – EINE LICHTVOLLE ERFAHRUNG

Nahtod-Erfahrungen

Die Schweizer Ärztin Dr. Elisabeth Kübler-Ross die für ihre Forschungen mehrfach mit dem Ehrendoktortitel ausgezeichnet wurde, gehört zu den Pionieren in der Sterbeforschung und zu den großen Wissenden, was Nahtod-Erfahrungen anbelangt.

Sie schreibt in ihrem letzten Buch *Das Rad des Lebens*:

„Unsere gesammelten Interviews ergaben, dass der Tod in vier Phasen verläuft.

In der 1. Phase treten die Menschen aus ihrem Körper aus. Egal wie sie verstorben sind, sind sich alle der Situation voll bewusst. Sie schwebten aus ihrem Körper wie Schmetterlinge, die ihre Puppe verließen, und nahmen eine feinstoffliche Form an. Sie wussten, was geschah; hörten die Gespräche der Anwesenden, beobachteten die Anstrengungen, die man unternahm, um sie aus ihren Fahrzeugen zu befreien.[1]

2. Phase: Zu diesem Zeitpunkt, so berichteten die Patienten weiter, hatten sie ihren Körper nach dem Tod hinter sich gelassen und befanden sich in einem Zustand, der nur als Geist und Energie definiert werden kann. Unabhängig davon, wo oder wie sie gestorben waren, konnten sie in Gedankenschnelle überall hinfliegen.

Einige berichteten, dass sie sich vorstellten, wie fassungslos ihre Familienangehörigen wohl auf ihren Tod reagieren würden, und schon waren sie bei ihnen. Andere, die im Krankenwagen gelegen hatten, erinnerten sich daran, dass sie in diesem Zustand ihre Familien und ihre Freunde besucht hatten. Alle Interviewpartner erinnerten sich daran, dass diese Phase auch die Zeit war, in der sie ihrem Schutzengel und Geistführer begegneten.

3. Phase: Unter der Führung ihres Schutzengels gingen sie durch eine Art von Tunnel, über eine Brücke oder einen Bergpass. Es wurden verschiedene Bilder benutzt. Sie schufen diesen Übergang mit ihrer psychischen Energie, und an seinem Ende erblickten sie ein strahlendes Licht. Diese Menschen berichteten, dass diese Kraft überwältigend war. Sie fühlten freudige Erregung, Frieden, Ruhe und die Vorahnung der endgültigen Heimkehr. Dieses Licht war für sie die höchste Quelle kosmischer Energie. Einige nannten es Gott, andere Christus oder Buddha.

4. Phase: In dieser Phase hielten die Menschen Rückschau auf ihr Leben, bei der sie mit ihrem ganzen Dasein konfrontiert wurden. Es wurde ihnen gezeigt, dass alles Leben miteinander verflochten ist. Jeder Gedanke und jede Tat übt eine Art von Wellenwirkung auf jedes andere Lebewesen aus.

Alle „Rückkehrer" berichteten, dieses Licht habe eine tiefe Wirkung auf ihr Leben gehabt.

Es war eine echte religiöse Erfahrung. Einige hatten dabei großes Wissen empfangen, einige kamen mit prophetischen Warnungen zurück, andere hatten neue Einsichten gewonnen. Aber jeder hatte die gleiche spirituelle Erscheinung erfahren:

Der Anblick des Lichtes hatte sie gelehrt, dass es nur eine

*Antwort auf die Frage nach dem Sinn des Lebens gibt, und die-
se Antwort lautet Liebe.*"[2]

So weit die Gedanken von Elisabeth Kübler-Ross. Wenn ich
so viel aus ihrem Buch zitiert habe, so deshalb, weil ihre Einsichten die nachfolgenden Berichte bestätigen.

Den ersten Menschen mit einer Nahtod-Erfahrung, den
ich kennenlernen durfte, war Stefan von Jankovich. Er wurde
international bekannt durch die Schilderungen seines sechs
Minuten dauernden klinischen Todes. Von dieser Erfahrung
und seiner Begegnung mit einem transzendenten Licht hat er
mehrfach in Kursen, in seinen Büchern und Seminaren berichtet. Von ihm habe ich viel gelernt, und er hat mich immer
ermuntert, meine Berufung als Sterbebegleiterin wahrzunehmen.

Stefan schreibt in seinem Buch „Schulplanet Erde": *„Das
unbeschreibliche Gefühl von Glück und Harmonie, das im to-
desnahen und klinisch toten Zustand erfahren wird, geht auf
die Erfahrung, körperlos, d.h. unbegrenzt durch die Materie
zu sein, zurück. Der Mensch erlebt sein wahres Wesen und dadurch seinen metaphysischen Ursprung, er erkennt seinen eigenen Weg der Rückkehr zu Gott. Wer ein außerirdisches bzw.
außerkörperliches Glücksgefühl erlebt hat, der sagt nicht nur
ja zum Tod, oder besser zu einem Leben jenseits unserer physischen Welt, er sagt ja zu einem Leben hier auf der Erde und im
Körper, und er lebt gerne hier. Mit einer solchen Rückerinne-
rung an den klinisch toten Zustand weiß der Mensch, dass das
Leben einen Sinn hat, hier auf der Erde und im Körper."* [3]

Stefan von Jankovich hat oft erzählt, wie widerwillig er in seinen Körper zurückgekehrt ist. Er wollte für immer in jenem Zustand der emotionalen Ekstase und in dieser Glückseligkeit verweilen. Auch hatte er sehr starke Schmerzen aushalten müssen und fühlte sich in seinem verletzten physischen Körper eingesperrt.

Er sagte, er habe im Spital, als ihn ein ihm unbekannter Arzt besucht habe, gefragt: „Herr Doktor, warum haben Sie mir auf der Unfallstelle diese teuflische Spritze ins Herz gegeben?" Der Arzt habe ganz konsterniert reagiert und gefragt, weshalb er ihn kenne und wer ihm das alles erzählt habe. Stefan erklärte ihm, er habe in seinem nahtodähnlichen Zustand alles gesehen und miterlebt – und all dies wurde später auch von an der Unfallstelle Anwesenden bestätigt.

Stefan erzählte uns, er habe dem Arzt fast Vorwürfe gemacht, dass er ihn ins Leben zurückgeholt habe. Er wollte doch im Licht bleiben und diese Welt verlassen. Der Arzt, der den Mut gehabt hatte, ihm mit einer Adrenalin-Spritze direkt ins Herz ins Leben zurückzuholen, hatte wohl im Auftrag gehandelt: Gott und die Vorsehung hatten mit diesem Menschen noch viel vor, seine Zeit war noch nicht gekommen. Wenn man bedenkt, was Stefan nach diesem Erlebnis mit seinen Gaben und seinem Leben gemacht hat, kann man der Vorsehung nur dankbar sein.

In seinem Buch „Kontakte mit dem Licht" schreibt er:

Nun weiß ich. ICH BIN HIER; und muss mich hier bewähren. Ich will in meinen Körper zurück....ich werde es versuchen. Ich schlüpfe in meinen Körper zurück...ich will jetzt noch leben, richtig leben...ich weiß jetzt wie...ich werde es versuchen. Ich bin jetzt wieder ICH als vollständiger Mensch. Ich bin hier in meiner jetzigen Inkarnation...Ich weiß, dass im Tod

alles ganz anders ist, als wir uns jetzt vorstellen. Ich muss so le-
ben, dass ich im Tod gut „durchkomme" ...ich habe die Chan-
ce...ich weiß jetzt, wie... ich habe gelernt, wie ich mich im Tod
beurteilen werde. Ja, ich weiß es...JA...deshalb.[4]

Stefan war es auch, der mir eine spirituelle Erfahrung erklären konnte, die ich bei der Begleitung eines bestimmten sterbenden Menschen erlebt hatte: „Du hattest ein „Out-of-Body-
Erlebnis". Das heißt, du bist kurze Zeit aus deinem Körper
ausgetreten. Dies kann auch dann erlebt werden, wenn man
sich nicht persönlich in Todesnähe befindet." Mir wurde so
bewusst, dass ich an den Empfindungen jenes sterbenden
Mannes hatte teilnehmen dürfen. Ich befand mich damals in
einem außerordentlichen, bewusst empfundenen Wachzu-
stand, der auch Teil eines Nahtod-Erlebnisses sein kann.

MEIN OUT-OF-BODY-ERLEBNIS

Mein Erlebnis liegt zwanzig Jahre zurück. Ein älterer Patient lag im Sterben. Er hatte große Mühe mit dem Atmen und erstickte beinahe. Der Arzt und eine junge Krankenschwester betreuten ihn. Ich stand still daneben, im Gebet versunken: „Gott, nimm seine Seele auf in dein Licht. Lasse ihn erkennen, was jetzt mit ihm geschieht. Hilf ihm, dass er loslassen kann."

Plötzlich nahm ich mit Erstaunen wahr, wie sich das Zimmer veränderte. Es wurde strahlend hell und farbig... Es fällt mir schwer, die passenden Worte zu finden, um diesen Glanz zu beschreiben. Ein starkes Gefühl von Liebe, Annahme, Glückseligkeit und Gottesnähe erfasste mich. Ich wollte mitgehen in dieses Licht, zu dieser Liebe. Eine starke Sehnsucht nach Heimkehr, nach Gott, hatte mich tief ergriffen. Mich überkam der Wunsch, ebenfalls zu sterben.

Dann sah ich von oben, aus einer veränderten Perspektive heraus, den um Luft ringenden und zuckenden Körper. Ich beobachtete, wie sich etwas aus der materiellen Hülle des Körpers zu befreien versuchte. Danach lag nur noch die leblose Hülle auf dem Bett – das wahre Wesen hatte sich vom Körper gelöst und war hinüber ins Licht gegangen.

Die junge Krankenschwester weinte, sie war traurig. Ich nahm sie in die Arme, um sie zu trösten. Sie fragte: „Erica, bist du denn nicht traurig, wenn du einem Patienten nicht mehr helfen kannst, und er stirbt?" Ich antwortete ihr: „Doch, bis heute war ich auch immer traurig. Doch soeben durfte ich erfahren, was wirklich vor sich geht, wenn ein Mensch sein Dasein wechselt. Und dies macht mich mit ihm und für ihn so unendlich glücklich." Sie konnte meine Euphorie – verständlicherweise – nicht verstehen.

Ich denke, dass ich dieses Erlebnis haben durfte, um selber zu verstehen, nicht, um verstanden zu werden. Ich habe meine Furcht vor dem Tod weitgehend überwunden. Der Schimmer dieser außergewöhnlichen Wahrnehmung zeigte mir den Weg aus der irdischen Wirklichkeit. Sie hat mich erfasst und nachhaltig geprägt. Ich freue mich auf meinen Übergang, dann, wenn meine Seele bereit ist, zu ihrem Schöpfer heimzukehren.

Wenn ich heute, nach zwei Jahrzehnten, über dieses Erlebnis nachdenke und diese spirituelle Erfahrung intensiv in mir wachrufe, weiß ich, woher meine Sehnsucht nach der Ewigkeit kommt. In diesen Augenblicken, beim Übergang jenes Patienten, durfte ich Gottes Licht, seinen Geist und seine Liebe so tief und innig spüren, dass ich aus dieser Kraft heraus Sterbebegleitung leisten kann.

Wenn ich hier noch eingehender auf das Phänomen Nahtod-Erfahrungen zu sprechen komme, dann deshalb, weil so Zusammenhänge und Übereinstimmungen noch besser sichtbar werden.

In vielen Büchern, die in der Zwischenzeit erschienen sind, werden verschiedene Zustände beschrieben, die ein Mensch im Umfeld eines Nahtod-Erlebnisses durchlaufen kann. Die außerkörperliche Erfahrung und die Gewissheit oder das Gefühl, tot zu sein. Der Frieden und die Schmerzfreiheit, das

Tunnelerlebnis, die Lichtgestalten und Engel, ein immenses Lichterlebnis, die Lebensrückschau und die widerwillige Rückkehr in den Körper.

DER FALL GILBERTE

Auch Gilberte hatte eine Nahtod-Erfahrung. Ein Autounfall hatte sie vor vielen Jahren schwer verletzt. Viele Knochenbrüche, siebzehn Operationen und zwei Jahre Spitalaufenthalt waren die Folge. Ich kam mit ihr ins Gespräch und stelle ihr Fragen, weil ich ihre Erfahrungen mit jenen von Stefan von Jankovich vergleichen wollte.

Gilberte, wie war es bei Dir? Hattest Du in diesem Zustand auch das Gefühl, gestorben zu sein?

Als Erstes erinnere ich mich daran, dass ich auf meinem Bett lag. Doch gleichzeitig sah ich, was sich bei mir zu Hause ereignete. Ich war gleichzeitig im Krankenbett und bei den Kindern zu Hause. Doch sie spürten meine Präsenz nicht. Ich fühlte und sah, wie meine drei Kinder in arger Not und in einem Gefühlschaos steckten. Ich konnte wahrnehmen, was meine Angehörigen sagten, ja sogar was mein Partner dachte. Ich wurde hin- und hergerissen. Dann war auf meiner linken Seite ein wunderschönes göttliches Licht. Das war so intensiv, strahlend und wärmend, nicht zu beschreiben mit menschlichen Worten. Ich fühlte mich geborgen, glücklich und frei, als wäre ich zu Hause in der ewigen Heimat angekommen. Ich hatte in diesem Zustand keine Schmerzen. Ich wollte dort hingehen, doch da waren auf der rechten Seite meine drei noch schulpflichtigen Kinder.

Du fühltest dich also hin- und hergerissen zwischen dem Diesseits und dem Jenseits. Hattest Du auch das Erlebnis, durch einen Tunnel hindurchzugehen?

Bei mir war es nicht ein Tunnel, sondern eine Treppe. Es war so, wie ich mir die „Jakobsleiter" vorstelle. Auf der linken Seite führte der Weg aufwärts ins Licht. Auf der rechten Seite führte der Weg zurück ins Leben, und da habe ich meine Kinder wahrgenommen. Die Entscheidung drängte sich jetzt auf: Soll ich ins Licht gehen, zu Gott? Meine Sehnsucht war immens. Oder soll ich ins Leben zurückkehren, zu meinen noch sehr hilfsbedürftigen Kindern? Ich habe sie rufen hören, da war meine Entscheidung, für sie weiterleben zu wollen, sofort gefallen.

Ich erinnere mich sehr schmerzhaft daran, wie es war, in meinen physischen Körper zurückzukehren. Die Schmerzen von meinen schweren Verletzungen waren sofort mit ganzer Intensität da. Dieser Zustand der Seligkeit, den ich vorher erleben durfte, war verschwunden. Die schwere Zeit, in der ich sehr leiden musste, habe ich überstanden, weil sich diese göttliche Erfahrung tief in mich eingeprägt hat. In den schwersten Stunden fühlte ich mich Christus sehr nahe. Ich habe ihn deutlich wahrgenommen. Ich konnte meine Leiden und meine Schmerzen annehmen, weil ich an seine Liebe und sein Leiden erinnert wurde.

Hast Du in Deinem Nahtod-Zustand auch Lichtgestalten oder Engel gesehen?

Als bleibende Erinnerung habe ich in dieser enormen Lichterfahrung eine leuchtende Gestalt wahrgenommen. Ich bin si-

cher, es war Christus. An dieses Bild habe ich mich immer erinnert, wenn ich starke körperliche Schmerzen erdulden musste. Erinnerte ich mich an dieses mir eingeprägte Bild, sein Bild,
war auch sofort wieder dieses starke Gefühl von unendlicher
Liebe, Wärme und Geborgenheit präsent. Seit meinem Unfall
und allen darauf folgenden Ereignissen habe ich eine innige
Verbundenheit zu Gott. Gott ist in meinem Leben sehr zentral.

Hast Du auch so etwas wie eine Lebensrückschau erlebt?

Ich erinnere mich schwach daran, dass mir einzelne Begeben-
heiten und Sequenzen aus meinem Leben bewusst wurden.
Auch Dinge, die ich längst vergessen hatte, waren da. Jedoch
war das alles nicht von großer Bedeutung für mich. Das Prä-
gende, das ich erfahren habe und das meine weitere Entwicklung stark beeinflusst hat und immer noch beeinflusst, war die
Lichterfahrung. Es war dieses totale Eintauchen in Licht, Frieden, Wärme, Liebe und Annahme.

Diese Erfahrungen sind der wahre Grund, dass ich später anderen Menschen helfen wollte und mich unter anderem
als Katechetin und Sterbebegleiterin ausbilden ließ. Ich spüre tief in mir drinnen, dass mein Erlebnis nicht nur für mich
bestimmt war, sondern dass ich vom Schöpfer in diese meine
Aufgabe geführt wurde. Schon vielen Todkranken und Sterbenden konnte ich helfen, die Angst vor dem Sterben zu erleichtern
und so dazu beitragen, dass sie mutig ihren Weg des Übergangs
bewältigten.

Bist Du im ersten Moment, nachdem ein Mensch verstorben
ist, auch so glücklich und könntest Du jubeln vor Freude,
dass er seinen Weg vollendet hat?

Ja, und wie. Ich empfinde im ersten Moment so viel Freude und Glück. Ich habe noch nie jemandem etwas davon erzählt, denn es ist ja nicht üblich, sich über das Hinscheiden eines Menschen zu freuen. Oder?

Nach meinem Erleben und nach meinem Dafürhalten ist diese Freude, wie sie auch Gilberte empfindet, im ausschließlichen Blick auf den Heimgegangenen berechtigt. In einigen anderen Kulturen freut man sich, wenn ein Mensch seinen Erdenweg vollendet hat. Selbstverständlich wird man als Sterbegleiter seiner jubelnden Freude nicht Raum geben, wenn Angehörige anwesend sind, die den Tod eines geliebten Menschen doch als Verlust empfinden, traurig sind und weinen. Als Begleiter wird man spüren, was dem jeweiligen Augenblick angemessen ist.

Ich bin dankbar, dass ich als Begleitende am Bett von Sterbenden aus eigener Erfahrung etwas ahnen kann vom Mysterium des Sterbens und des Übergangs. Ich bin dankbar, dass ich etwas dazu beitragen kann, damit sich Ängste auflösen und in Gottvertrauen verwandeln können.

> Es bedeutet nicht so viel,
> wie man geboren wurde.
> Es hat aber unendlich viel zu bedeuten,
> wie man stirbt.
> Sören Kierkegaard

2

LICHT IN
DER DUNKELHEIT

EIN AUSSERGEWÖHNLICHES STERBEN

Immer wieder begleite ich auch Menschen, die mit der Kirche „nichts mehr am Hut" haben. Ja, genau mit diesen Worten sprechen einige von ihnen über ihre Beziehung zur Kirche. Häufig sind tiefe Enttäuschungen und Verletzungen aus Kinderzeiten der Grund für diese Abkehr. Oft machen sich noch unangefochten gläubige Angehörige Sorgen, wenn ein ihnen lieber Mensch im Sterben liegt und nichts von Kirche und geistlichem Beistand wissen möchte oder sogar der Institution Kirche gegenüber noch immer Hass empfindet.

Einer meiner Freunde hat mir vom Sterben seiner geliebten Mutter berichtet. Auch er war in Sorge gewesen und hatte sich gefragt, wie wohl der Sterbeprozess seiner Mutter verlaufen würde, da sie doch kirchlichen Beistand derart entschieden ablehnte.

„Meine Mutter Anna war eine starke Frau. Eine resolute, dominante Persönlichkeit. Sie nahm ihr Leben selbst in die Hand. In der Familie war sie es, welche die Richtung angab. Wusste sie nicht mehr weiter, holte sie sich außerhalb der Familie psychologischen Rat. Nie zeigte sie gegen außen hin eine Schwäche. Sie ist uns eine gute, aber auch strenge Mutter gewesen."

Immer wieder sei seine Mutter jedoch von ihrer Vergangenheit eingeholt worden, von Erlebnissen einer schwierigen Kindheit, die wohl zu tiefen Verletzungen geführt hatten.

„Ich habe den Eindruck, dass es Menschen gab, die meiner Mutter sehr weh getan haben", erzählte mir der Sohn spürbar bewegt. „Sie wollte jedoch mit dem, was geschehen war, nicht konfrontiert werden. Sie schwieg, sprach sich nie aus. So war sie ihr Leben lang nie wirklich glücklich und fühlte sich immer unverstanden. Die Zartheit ihrer Seele hat sich aber doch dann und wann gezeigt. Meine Mutter hatte eine poetische Ader, die sie in wunderschönen Gedichten offenbaren konnte. Ihre große Liebe galt den Bäumen, den Bäumen in ihrer majestätischen Pracht."

Während ich mich mit der Persönlichkeit dieser Frau beschäftigte, sah ich unwillkürlich eine wunderschöne Linde mit riesiger Krone und einem starken Stamm vor mir. Dabei erinnerte ich mich an das schöne Volkslied vom Lindenbaum:

Am Brunnen vor dem Tore,
da steht ein Lindenbaum.
Ich träumt in seinem Schatten
so manchen süßen Traum.

Hat auch Anna in Zeiten der Sorge oder der seelischen Not im Schatten von Bäumen Ruhe gefunden? Auch ihr bliesen – wie es im Lied weiter heißt – manchmal kalte Winde ins Angesicht. Hat sie dann bei den Bäumen Kraft und Frieden gefunden? Spürte sie in der Natur, beim Betrachten eines Baumes, dass hinter allem Vordergründigen etwas verborgen ist? Etwas, das wir mit unseren menschlichen Sinnen nicht erfassen können?

Ihr Sohn erzählte mir, dass auch er Bäume liebe. Für seine Mutter habe er ein Ölbild gemalt, das einen mächtigen Baum mit herrlicher Krone und einem starken Stamm gezeigt habe. Im Moment, als er sein Bild beschrieb und schilderte, wie glücklich er seine Mutter damit gemacht hatte, war Anna bei uns. Sie hatte sich aus einer anderen Ebene als der unseren gemeldet, sich uns mitgeteilt. Ein feines energetisches Feld war wahrnehmbar. Und während ich zuhörte, konnte ich die Verbundenheit zwischen Sohn und Mutter gut erkennen. Die Mutter hat ihrem Sohn eine tiefe Naturverbundenheit vererbt, und auch er hat eine künstlerische Veranlagung. Er liebt die Berge und ist ein kreativer Mensch.

Zurück zu Annas Lebensgeschichte. Als seine alte Mutter plötzlich ernsthaft erkrankte, lautete die Diagnose Lungenkrebs. Anna nahm die Krankheit an, wollte keine Hilfe von außen beanspruchen, niemanden belasten. Erwähnten ihre besorgten Kinder etwas von Kirche oder Seelsorgern, blockte sie sofort ab. Noch immer war sie voll Enttäuschung und Abneigung gegen alles, was mit Kirche zu tun hatte.

In der Folge kam es zu einer Komplikation, und die alte Frau musste als Notfall ins Spital eingewiesen werden. Eine Notoperation wäre dringend nötig gewesen, aber Anna wollte sich nicht operieren lassen. Klar und deutlich tat sie den

Ärzten ihren Willen kund: „Ich möchte jetzt sterben, ich bin bereit."

Als damals der Sohn einen Anruf von seiner Mutter bekam, spürte er sofort, dass sie nun seine Hilfe brauchte. Sie, die sich selten gemeldet hatte, wenn es ihr nicht gut ging, wünschte nun ihren Sohn zu sehen.

Bewegt erzählte mir Herbert: „Erica, es ist so schön gewesen, bei ihr zu wachen. Sie ist so ruhig und gefasst mit der Situation umgegangen. Sie hat bis zum Schluss keine Angst oder Unruhe gezeigt. Weißt du, sie hat immer wieder Danke gesagt und allen mitgeteilt, es sei so schön, dass wir bei ihr seien. In ihren letzten Minuten sagte sie: „Das Sterben ist so schön, ich habe gar nicht gewusst, dass Sterben so schön sein kann." Seine Mutter, so erinnerte er sich, habe sich in den letzten Wochen ihres Lebens verändert. Sie sei auf einmal so dankbar, so zufrieden, so lieb und friedlich gewesen. Und in dieser Haltung sei sie auch von dieser Welt gegangen.

Das Sterben von Anna halte ich für ergreifend und außergewöhnlich. Ihrem Sohn Herbert möchte ich danken, dass er mir davon berichtet hat. Dieser friedvolle Übergang ohne seelsorgerlichen Beistand zeigt ganz deutlich, was alles geschehen kann, wenn ein Mensch bereit ist, Gottes Liebe anzunehmen. Wir machen uns Sorgen, wenn ein Mensch keinen kirchlichen Beistand wünscht, ja sogar entschieden ablehnt. Weshalb denn? Ganz gewiss hat Annas Seele im Prozess des Sterbens Gott nicht abgelehnt. Nie können wir nachvollziehen, was sich in einem Menschen vollzieht, der Ja gesagt und seinen Geist in die Hände des Vaters gelegt hat.

Anna hat ihren Kindern einen Abschiedsbrief hinterlassen. Darin war aufgezeichnet, wie die Abschiedsfeier gestaltet werden sollte. Ihre Asche wurde zu Füßen eines Baumes verstreut – ganz ihrem Wunsch entsprechend. So hat denn Annas Erdenhülle ihre letzte Ruhestätte an dem Ort gefunden, der ihr schon zu Lebzeiten besonders lieb gewesen ist. Wie eine Bestätigung wirkt daher die letzte Strophe des Liedes „Am Brunnen vor dem Tore":

Nun bin ich manche Stunde
entfernt von jenem Ort.
Und immer hör ich's rauschen:
Du fändest Ruhe dort!

ICH TRAGE DICH DURCH ALLES, WAS KOMMT, HINDURCH

Regula, eine junge Frau, die ich vor Jahren schon als nettes, fröhliches und höfliches Kind gekannt habe, erzählte mir von einer Engel-Erfahrung.

„Als ich sechs Jahre alt war, erwachte ich einmal gegen Morgen, weil ich eine Stimme gehört hatte, die meinen Namen rief. Ich ging ins Schlafzimmer der Eltern und fragte, ob sie mich gerufen hätten. Die Eltern verneinten und sagten mir, ich solle wieder ins Bett gehen und weiterschlafen. Als ich wieder dort war, hörte ich die Worte: „Ich trage dich durch alles, was kommt, hindurch." Zu jenem Zeitpunkt verstand ich den Sinn der Botschaft nicht. Ich weiß nur, dass eine sanfte, beruhigende Stimme zu mir gesprochen hatte, die mit wohltat. Ich hatte absolut keine Angst. Tief in meinem kindlichen Herzen wusste ich, dass die Stimme eines Engels zu mir gesprochen hatte.

Meine Kindheit und Jugendzeit verlief geordnet und gut. Die Engel-Botschaft hatte ich fast vergessen. Immer hatte ich jedoch das unerklärbare Gefühl, behütet zu werden. Jahre später jedoch erlitt ich einen schlimmen psychischen Zusammenbruch und eine Psychose – also eine psychische Störung mit zeitweiligem Realitätsverlust. Da waren zwei Mächte, die miteinander kämpften. Es war furchtbar. In meinem Inneren fand ein Kampf statt zwischen guten und schlechten Kräften. Ich hatte in dieser Phase panikartige Ängste, zitterte am ganzen Körper und konnte kaum noch sprechen. Mein Freund, der mich nicht beruhigen konnte und dem die ganze Sache unheimlich wurde, brachte mich deshalb in die Psychiatrische Klink."

Regula verstand zunächst überhaupt nicht, was sich in ihrem Inneren abspielte. Sie hatte den Eindruck, in einem tiefen, dunklen Loch eingekerkert zu sein. Sie war ohne Antrieb und von ihrer Gefühlswelt abgeschnitten. Diese innere Zerrissenheit zehrte an ihren Kräften. Zudem hatte sie das Gefühl, von niemandem verstanden zu werden, aller ärztlichen Betreuung zum Trotz.

„In diesen schwersten Stunden, in denen ich mich von Gott und allen Menschen verlassen fühlte, kam wie ein Blitz die Erinnerung an die Worte des Engels: „Ich trage dich durch alles, was kommt, hindurch." Diese Worte aus Kindertagen waren wieder klar und deutlich in meinem Bewusstsein und erhellten meine Dunkelheit. Die Botschaft war nun in meinem Herzen verankert: Ich spürte, dass diese Verheißung aus einer anderen Ebene kam und Zugang gefunden hatte zu meinem verwirrten, verzweifelten Zustand. In meiner Angst, Not, Ohnmacht, Verlorenheit und Einsamkeit hatte sie mich wie ein Wunder tief berührt. Von da an spürte ich in mir Kraft und Stärke – ein Vorgang, der sich nicht beschreiben lässt, der einfach da war.

Etwas später sah ich ein Bild. Da waren ein eingestürztes Haus und eine Brücke. Sie führte hinüber ans andere Ufer. Auf der anderen Seite wurde ein Haus wiederaufgebaut. Ich wusste intuitiv, dass Haus und Brücke mit mir zu tun hatten. Mein zerstörtes Lebenshaus sollte neu aufgebaut werden. Die Brücke zeigte den Neubeginn an.

Von diesem Zeitpunkt an habe ich wieder begonnen, zu beten und um Gottes Schutz zu bitten. Ich war mir gewiss: Gottes Engel hatte mir zugesichert, meine Schritte zu lenken und mich auf meinem Lebenspfad sicher zu führen. Mein neu erwachter Glaube, meine Gebete und jene mit mir befreundeten Menschen halfen mir, meine Krankheit zu bezwingen.

Ich weiß, mit der Hilfe meines Engels ist alles möglich. Ich fühle eine innere Zuversicht, die ich nicht beschreiben kann. Ein starkes Gefühl von Geborgenheit, Schutz und Segen begleitet mich. Ich bekomme auch immer wieder die richtige Hilfe von außen. In der Klinik waren dies ein kompetenter, verständnisvoller Psychologe und ein einfühlsamer Sozialarbeiter. Zu Hause finde ich Unterstützung durch meine Familie, und ich bin wieder in der Lage, mein Leben selbstständig zu gestalten."

An Regulas Geschichte berührt mich sehr dieser unerschütterliche Glaube, dass alles gut wird. Sie hat die Worte des Engels verinnerlicht und vertraut auf die zugesicherte Hilfe, möge kommen, was da wolle.

Engel sind Seelenführer, sie beschützen und weisen den Weg und stehen uns bei in allen Grenzsituationen des Lebens.

Immer wieder zeigt es sich auch, dass die Kraft des Gebetes wirksam ist. Man mag vom Placebo-Effekt des Gebetes sprechen, aber das mindert seine Bedeutung keineswegs. Das Gebet, das Gespräch mit Gott, vertreibt Angst und Verzweiflung, und die irrlichternden Gedanken kommen zur Ruhe. Alle diese heilsamen Einflüsse regen mit Sicherheit die Selbstheilungskräfte an. Mit den aktuellen wissenschaftlichen Techniken lassen sich zwar erstaunlich viele Vorgänge im Gehirn messen – Bewusstseinsinhalte wie Liebe, Glaube,

Vertrauen oder Hoffnung dagegen lassen sich weder messen noch nachweisen. Diese Geschichte zeigt auf, wie die Kraft des Gebetes die dem Körper innewohnenden Selbstheilungskräfte aktivieren und so die Genesung einleiten kann.

DIE KRAFT DES KREUZES
IN DER STERBESTUNDE

Seit der Kreuzigung von Jesus ist das Kreuz in unserer christlich geprägten Gesellschaft ein Ursymbol für den Tod. Man findet es auf Todesanzeigen und auf unzähligen Grabsteinen. Das Kreuz soll die Lebenden daran erinnern, dass am Tod niemand vorbeikommt.

Die kirchliche Lehre besagt, dass Jesus seinen grausamen Tod stellvertretend für alle Menschen auf sich genommen hat. Durch seinen Tod und seine Erlösungstat sind wir in seinen Tod mit hineingenommen. Mit diesem für viele Christen lebendigen Glauben lässt sich das Sterben leichter ertragen.

Das Kreuz ist jedoch nicht nur ein Symbol des Todes. Wer die Symbolik des Kreuzes ganz erfassen will, muss auch das Ostergeschehen mit einbeziehen. Mit Jesu Tod ist nicht alles zu Ende, denn die zentrale Botschaft ist seine Auferstehung. Jesu Auferstehung lässt alles in einem gänzlich neuen Licht erscheinen. So wurde für die Christen das Symbol des Todes auch ein starkes Zeichen des Lebens. Deshalb versuche ich immer dann auf die Auferstehung Christi hinzuweisen, wenn ein Sterbender in seinem Leid und seinen Ängsten gefangen ist.

ER steht als Hoffnung mit ausgebreiteten Armen da, ER nimmt jeden auf. ER schenkt uns die Verheißung, dass wir alle in IHM auferstehen.

Zum christlichen Sterbebrauchtum gehörte früher, dass man dem Sterbenden ein Kreuz auf die Stirne zeichnete, so, wie es einst bei der Taufe geschehen war. Wenn es der Sterbende wünschte, habe ich auch oft das Kreuzzeichen auf seine Stirne gezeichnet. Wenn große Unruhe, Angst und Ungewissheit über das Bevorstehende oder starke Schuldgefühle den Sterbeprozess verzögerten, durfte ich erfahren, dass dieses Kreuzzeichen den Sterbenden zu beruhigen vermochte.

Früher wurde oft eine Sterbekerze angezündet, wenn die Sterbestunde nahe war. Heute darf man wegen der Brandgefahr in Heimen und Spitälern keine Kerzen mehr anzünden.

DAS KREUZ ALS HILFE

Tritt eine schwere Krankheit ins Leben, wird die Sorge um Genesung zum wichtigsten Anliegen. Aber auch die Angst, aus dem Leben gehen zu müssen, greift oft übermächtig nach dem Schwerkranken. Als Begleiterin von unheilbar kranken Menschen und Sterbenden werde ich immer wieder mit solch einer Situation konfrontiert. Heutzutage ist nur noch selten ein Geistlicher beim ganzen Verlauf des Sterbeprozesses anwesend. Es ist deshalb die Aufgabe von Verwandten und Freunden, von freiwilligen Heferinnen oder Helfern, da zu sein und beizustehen.

Gläubige Christen haben die Gewissheit, dass Gott da ist, auch dann, wenn kein Arzt und kein Freund mehr helfen kann. Nach meiner Erfahrung gehen gläubige – nicht unbedingt kirchentreue – Menschen viel gefasster mit einer bedrohlichen Erkrankung um. Das unerschütterliche Vertrauen in Gottes Fürsorge und Hilfe gibt ihnen Halt. Von meiner Mutter und von vielen betagten Personen weiß ich, dass sie jeden Tag um eine gute Sterbestunde beten. Die Sorge um eine gute Sterbestunde ist schon immer ein wichtiger Bestandteil der christlichen Frömmigkeit gewesen.

Der Glaube an eine übergeordnete Macht, an Gott, ist jedoch nicht zwingend an ein konfessionelles Bekenntnis gebunden: Die Bindung an Gott kann in vielerlei Erscheinungsformen sichtbar werden.

DER SEGEN DES KREUZES

Von einem Altersheim wurde ich gebeten, bei einer sehr betagten, äußerst unruhigen sterbenden Patientin zu wachen. Die Frau war enorm geschwächt, in ihrem Bewusstsein reduziert und zeitweise nicht mehr ansprechbar. Man konnte schon das sogenannte Todesrasseln hören: Diese schwere und geräuschvolle Atmung ist für Angehörige und Pflegende weit schlimmer zu ertragen als für den Kranken selbst. Bei dieser alten Frau nahm ich jedoch nicht nur ihr mühsames Atmen, sondern auch Angst und Unruhe wahr. In den wenigen Augeblicken, in denen die Frau halbwegs wach war, fiel mir auf, dass sie angestrengt gegen die Wand schaute. Beim Bett der Zimmergenossin – das mit einem Paravent abgeschirmt worden war – hing ein Holzkreuz. Ich bin zu Frau A. hingegangen und habe sie gefragt, ob ich ihr Holzkreuz abnehmen dürfe, um es Frau H. aufs Bett zu legen. Die Mitpatientin war sofort einverstanden. Sie meinte, es sei sicher gut, wenn man in der Todesstunde ein Kreuz bei sich habe. Sie werde für Frau H. beten, damit sie bald erlöst werde.

Ich habe also das kleine Holzkreuz von der Wand genommen, Frau H. neben ihrem Kopf aufs Bett gelegt und ihr ins Ohr geflüstert: „Schauen Sie, jetzt ist Gott ganz nahe bei Ihnen. Er begleitet und erwartet Sie. Sein Kreuz liegt neben Ihnen auf dem Bett."

Die Frau konnte das Kreuz nicht mehr selbst halten, weil sie gelähmt war. Aber kaum lag das Kreuz auf ihrem Bett, begann sie urplötzlich ganz ruhig und still zu atmen. Das rasselnde Geräusch war verschwunden. Als die Krankenschwester zur Kontrolle ins Zimmer kam, fragte sie mich: „Was haben Sie mit Fr. H. gemacht, dass ihre Atmung derart frei ist und sie so ruhig und friedlich daliegt?"

Ich erzählte Schwester Elisabeth vom Kreuz und sagte ihr, dass ich denke, der Glaube an das Kreuz habe die Wende bewirkt. Die Krankenschwester war tief beeindruckt und meinte, diese unerklärliche spontane Veränderung sei gewiss mit Gottes Hilfe geschehen. Frau A., vom Bett nebenan, hörte unser Gespräch und rief: „Es ist mein Kreuz, das geholfen hat, ich bin so froh, es wird auch mir einmal helfen."

Die Patientin atmete immerzu ruhig. Gegen Morgen verabschiedete ich mich. Am Mittag informierte mich die Pflegestation, dass Frau H. ganz still und friedlich eingeschlafen sei.

Einige Wochen später übernahm ich wieder eine Nachtwache, und wiederum hatte Schwester Elisabeth Dienst. Wir unterhielten uns, und ich fragte sie, ob sie sich noch an Frau H. und das Holzkreuz erinnere. Die Krankenschwester versicherte mir, dass sie dieses Erlebnis mit der Kraft des Kreuzes in der Todesstunde gewiss nie mehr vergessen werde. In der Zwischenzeit sei nun auch Frau H. gestorben, die damals ihr Kreuz zur Verfügung gestellt hatte. Auch sie habe während ihrer Sterbestunde unentwegt dieses Holzkreuz in den Händen gehalten.

NACHRICHT VOM KREUZ

Bei Bill Coller erlebte ich eine mediale Übungsstunde. Der Schotte Bill Coller ist ein Medium, das jenen Menschen hilft, die einen nahestehenden Menschen durch den Tod verloren haben. Coller wurde unter anderem übermittelt, bei ihm sei eine ältere Frau, die sich bei mir für meine Hilfe in ihrer Sterbestunde bedanken wolle. Ich erklärte Coller, dass ich Sterbebegleiterin sei, aber nicht wisse, von welcher Frau er spreche. Seine Antwort lautete: „Sie spricht von einem Stück Holz, das du ihr aufs Bett gelegt hast. Ich glaube, sie meint ein Kreuz."

Jetzt war mir wieder alles gegenwärtig – die liebe Patientin aus dem Altersheim, der das Kreuz in der Todesstunde so sehr geholfen hatte, wollte sich bedanken. Ich war ganz glücklich über diese Botschaft. Bill Coller hat mich beim Abschied umarmt und gesagt, ich solle meine wertvolle Arbeit mit sterbenden Menschen weiterführen. Diese sei sehr wichtig, und er wünsche mir alles Gute.

Mir ist an dieser Stelle erneut der Hinweis wichtig, dass der Todesprozess nicht immer nur schöne Bilder und Visionen mit sich bringt. Es finden auch Kämpfe zwischen Gut und Böse statt. Zwischen dem Hier und dem Dort, zwischen Schatten und Licht. Meistens befinden sich Sterbende in solch einer Situation in Angst und Panik. Die große Angst vor dem Unausweichlichen, dem Endgültigen, nimmt überhand. Vor allem dann, wenn angstbesetzte religiöse Bilder von Schuld, Verdammnis und Fegefeuer auftauchen.

Panik, entsetzliche Schmerzen und Schreie beherrschen dann das Feld. Die Todesangst ist greifbar, und im Raum breitet sich negative Energie aus. Die Körperhaltung dieser Sterbenden ist gekrümmt. Dann helfen nur noch ein stilles Gebet oder ein Kreuzzeichen – aber selbst dies kann mit Schwierigkeiten verbunden sein.

Von einer derart belastenden Situation berichtete mir eine Frau, die ebenfalls als Sterbebegleiterin tätig ist. *„Einmal habe ich einen schwerkranken, sehr unruhigen Patienten gefragt, ob ich mit ihm beten solle. Er hat geschrien und laut „Nein, Nein" gerufen. Er hat laut gestöhnt und sich aufgerichtet. Ich hatte den Eindruck, er sehe etwas Furchtbares. Seine Augen sind wie vor Angst erstarrt hervorgetreten. Ich habe sofort die Krankenschwester gerufen, und der Patient hat zur Beruhigung eine Spritze erhalten. Er ist dann ruhiger geworden. Ich war froh, dass man ihm wenigstens auf medikamentösem Weg hatte helfen können."*

Diese Sterbegleiterin versicherte mir, dass noch nie jemand auf die Frage nach einem Gebet derart ablehnend reagiert habe. Auch ich habe eine solche heftige Reaktion bei einem Sterbenden noch nie erlebt. Aber was wissen wir schon? Vielleicht musste dieser Mensch seinen Weg zu Gott durch Schrecken und heftige Ablehnung finden. Glücklicherweise sind die schönen, vom Licht begleiteten Übergänge weitaus häufiger als jene, in denen zuerst Angst und Dunkelheit durchlitten werden müssen.

Es nimmt der Augenblick,
was Jahre gaben.
J.W. VON GOETHE

TSCHÜSS MAMI, ICH GEH JETZT...

Die Nachricht eines plötzlichen Todes löst bei den Angehörigen einen kaum zu beschreibenden Schock aus, und sie geraten in ein immenses Gefühlschaos.

Corinne, die Mutter von Simon, hat mit mir über den Tod
ihres sechzehnjährigen Sohnes gesprochen, zweieinhalb Jahre
nach dem tragischen Geschehen.

„Unser zweitgeborener Sohn Simon hatte schon einen schweren Start ins Leben. Er hatte als Neugeborener diese typischen
Säuglingskoliken und musste häufig herumgetragen werden.

Als Kind war er eher introvertiert und hoch sensibel. Es gab
in seiner Jugend immer wieder Stolpersteine. Er war ein Kind,
das viel Aufmerksamkeit brauchte. Die haben wir ihm auch
gegeben, und er konnte in einer intakten Familie aufwachsen.
Ich denke, er hat immer viel mehr gespürt, als er in Worte
fassen und uns mitteilen konnte.

Mit vierzehn Jahren ist ihm die große Liebe begegnet. Er
hat sich unsterblich in Sereina verliebt. Sie war zwei Jahre älter als er und besuchte dieselbe Schule.

Im Gegensatz zu Simon verlief Sereinas Jugend nicht so
glücklich. Sie wuchs bei Pflegeeltern auf. Die waren zwar lieb
zu ihr, doch das Mädchen war schon geprägt von all dem,

was vorher geschehen war. Sereina hatte sicher große Probleme mit ihrer Vergangenheit. In Simon fand sie einen liebevollen Zuhörer und Tröster. Vielleicht bedeutete für meinen Sohn diese Aufgabe auch eine Last. Er war ja noch ein Kind, und es hat ihn sicher bedrückt, dass seine liebste Freundin so viel Schweres erleben musste.

Trotz der Schatten der Vergangenheit war die Liebe der jungen Menschen glücklich, tief und innig. Ich habe meinen Sohn damals als aufgestellt und froh erlebt. Die zwei waren füreinander bestimmt. Einmal hatten sie wegen einer Kleinigkeit eine kurze Beziehungspause, worunter mein Sohn sehr gelitten hat. Doch sie kamen wieder zusammen, und alles war in Ordnung.

Und dann geschah das große Unglück. Am Freitag gingen sie noch miteinander aus. Sereina hatte sich betrunken und wollte sich vor ein Auto werfen. Simon gelang es, sie davon abzuhalten. Am darauffolgenden Samstagabend ging unser Sohn allein zum Jugendtreff. An jenem Abend hat sich Sereina erneut betrunken und anschließend vor einen Zug gestürzt.

Am Sonntagmorgen erreichte uns der Telefonanruf der Pflegefamilie. Simon, der an jenem Unglücksabend nicht mit Sereina zusammen gewesen war, erfuhr die schreckliche Nachricht am Sonntag gegen die Mittagszeit. Dieser gewaltsame Tod hat ihn tief getroffen. Fassungslos stand er da. Es hat ihm den Boden unter den Füßen weggerissen. Sofort hat er die Schuld bei sich gesucht: „Wäre ich doch bei ihr gewesen, dann wäre es nicht passiert", sagte er immer wieder. Am meisten hat ihn jedoch geschmerzt, dass er und Sereina miteinander Streit gehabt hatten.

In diesen unbeschreiblich schweren Stunden und Tagen haben wir alles für unseren Sohn getan. Dennoch hat er sich in seiner tiefen Trauer sehr einsam und verlassen gefühlt. Wir haben viele Gespräche geführt und auch psychologische Hilfe in Anspruch genommen. Einmal wöchentlich ging er zu einer Therapiestunde.

Zu jener Trauerzeit fand auch der Umzug in unser neues Haus statt. Simon hat sich auf sein schönes Zimmer gefreut und dieses mit Liebe und gutem Geschmack eingerichtet. Hatte er in dieser Zeit seine unendliche Trauer und die Schuldgefühle mit viel Aktivität zu verdrängen versucht? Er hat in dieser Zeit einfach funktioniert. Ich habe eine gewisse Gleichgültigkeit bei ihm wahrgenommen. Ich denke, es war auch dem Medikament zuzuschreiben, das er auf Anraten des Arztes einnehmen musste. Ich habe den Seelenschmerz und die tiefe Traurigkeit meines Sohnes gespürt. Aus eigener Erfahrung wusste ich, wie weh solch ein Abschied tut. Ich habe Simon immer wieder in die Arme genommen und zu trösten versucht, so gut es eben ging.

Auch in der Schule wurde von den Lehrern und dem Pfarrer das Thema Suizid behandelt. Dennoch hatte ich als Mutter Angst, dass Simon in seinem großen Kummer sich entschließen könnte, ebenfalls aus dem Leben zu gehen. Ich habe ihn immer wieder darauf angesprochen, und er hat mir versichert, er tue dies ganz bestimmt nicht. Ich habe ihm geglaubt, und ich bin mir sicher, dass er auch wirklich weiterleben wollte.

Die Zeit verging. Es wurde Silvester und Neujahr. Simon war einmal sehr traurig, dann wieder konnte man erneut etwas

Lebensfreude erkennen. Ab und zu ging Simon aus, das Leben schien wieder in Gang gekommen zu sein. Drei Monate später wollte er an einem Donnerstag spontan für seine bevorstehende Konfirmation mit mir Kleidung einkaufen. Wir hatten Spaß zusammen, und ich habe Simon alles gekauft, was er sich wünschte. Endlich freute er sich und hatte wieder Zukunftspläne. Ich war beruhigt. Am Samstagabend ging er wie üblich aus und kam zur vereinbarten Zeit zurück. Man konnte sich auf ihn verlassen. Der Sonntag verlief harmonisch. Simon lag mit unserem Hund und den Katzen entspannt in der Hängematte. Nach dem Nachtessen, das so normal wie immer verlief, ging er einige Zeit in sein Zimmer. Anschließend sagte er uns, er gehe schnell noch einmal weg. Bevor er das Haus verließ, schaute er mich sehr liebevoll und gleichzeitig wehmütig an und sagte: „Tschüss Mami, ich gehe jetzt."

Nachdem er weggegangen war, hat mich – und später auch meinen Mann – eine nicht zu erklärende Unruhe erfasst. Als Simon zur vereinbarten Zeit noch nicht nach Hause gekommen war, wurde ich immer unruhiger und hatte große Angst, dass etwas passiert sein könnte. Wenig später läutete es an der Haustür. Ich wusste sofort: Etwas Schreckliches ist mit Simon geschehen. Zwei junge Polizisten und der Pfarrer standen an der Haustür. Ich sah die Jacke von meinem Sohn in der Hand des Polizisten und habe laut aufgeschrien. Dann bin ich zusammengebrochen.

Ich weiß nicht mehr so genau, was danach ablief. Ich hatte keine Gefühlsregungen mehr. Von meinen Schreien wurde Simons Bruder aufgeschreckt und hat die auch für ihn unfassbare Nachricht erfahren. Wir drei sind uns dann in die Arme gesunken und haben lauthals geheult. Die Todesnachricht hat uns alle in ein unbeschreibliches Tief gestürzt.

Die Polizei stellte uns Fragen. Mein Mann hat sie beantwortet. Ich war dazu nicht fähig. Anschließend wollten die Beamten noch das Zimmer von Simon sehen. Es war ordentlich aufgeräumt, und auf dem Tisch standen brennende Rechaud-Kerzen, in Herzform angeordnet, mit drei Abschiedsbriefen. Einer an uns, einer für den Pfarrer und einer für einen ihm nahestehenden Menschen. Im für uns bestimmten Abschiedsbrief stand zu lesen, dass es ihm unendlich leid tue. Er könne ohne Sereina nicht mehr weiterleben. Ein Polizist hat übrigens ganz unsensibel reagiert und mich gefragt: „Haben Sie denn nicht im Zimmer nachgeschaut, als Ihr Sohn nicht nach Hause kam?" Das hat mir sehr wehgetan."

Hier mussten wir das Gespräch unterbrechen. Corinne, die Mutter, wurde von ihren Gefühlen übermannt und weinte.

Beide waren wir sehr bewegt. In diesem Moment habe ich Simon gespürt. Er war anwesend. Er wirkte auf mich unendlich traurig und voller Schuldgefühle. Er schämte sich sehr. Mir war, als wolle er sich entschuldigen für das Leid, das er allen angetan hatte. Ich teilte Corinne meine Empfindungen mit, und sie bestätigte mir, sie fühle ähnlich. Zum Glück war auch viel Liebe wahrzunehmen. Nachdem wir uns beide wieder gesammelt hatten, erzählte Simons Mutter weiter.

„Drei Monate nach Sereinas Tod ging unser Sohn auf die gleiche Weise aus dem Leben. Er meinte, ohne seine Freundin nicht mehr weiterleben zu können. Einfach unfassbar, immer noch. Wir waren alle so schwer betroffen, dass wir in der ersten Zeit nur funktioniert haben. Wir brauchten Zuwendung, viele Gespräche und professionelle Hilfe; während einiger Zeit hatten wir auch eine Familientherapie. Wichtig für uns waren vor allem Menschen, die vorurteilslos zuhören und mitfühlen konnten. Am schlimmsten waren die Ratschläge und versteckten Schuldzuweisungen von Außenstehenden. Neben viel ehrlicher Anteilnahme gab es auch das übliche Dorfgeschwätz.

Es gab einige Situationen, die mich verletzt haben. Von der Polizei wurde uns Opferhilfe zugesagt, es kam aber nie auch nur ein Zeichen. Simons Handy und sein iPod wurden drei Monate zurückbehalten. Wir mussten immer wieder nachfragen. Ich wollte doch die persönlichen Sachen meines Sohnes bei mir haben.

Am meisten Mühe habe ich mit dem Umstand gehadert, dass ich nicht von Simon hatte Abschied nehmen können. Ich wollte mein Kind doch noch einmal sehen. Die Polizei hat davon abgeraten, obwohl sie wusste – wie ich erst später erfahren habe – dass sein Körper nicht zerstückelt worden war, wie derjenige von Sereina. Simon wurde von der Wucht des Zuges weggeschleudert. Wenn ich nur seine Hand hätte berühren dürfen. Man hätte ja seinen Körper mit einem Tuch bedecken können."

Noch immer war zu spüren, wie viel Schmerz und welche große Verständnislosigkeit auf Corinne lasteten. Bittere Tränen flossen. Auf die Frage, wie es ihr nun, zweieinhalb Jahre nach der Tragödie, wirklich gehe, sagte die leidgeprüfte Mutter:

„Es geht mir besser, ich kann mit dem Leid weiterleben, aber meine Lebensfreude ist abgestumpft. Ich fühle immer noch Schmerz tief in mir drin. Es kann nie mehr so sein wie früher."

Der Verlust eines Kindes gehört zu den schrecklichsten und grausamsten Erfahrungen, die Eltern treffen können. Wenn jedoch der Tod gewaltsam oder durch Freitod geschieht, sind das Chaos und der Schock doppelt verheerend. Der gewaltsame Tod wird als total ungerecht und sinnlos erfahren. Der Schock ist so stark, dass im ersten Moment die Seele schreit: „Ich will zu ihm/ihr. Ich will ihn/sie sehen." Wird die Begegnung mit dem toten Körper des Kindes verhindert, fällt es besonders schwer, den Verlust zu akzeptieren

Wie Corinnes Geschichte aufzeigt, kann selbst die größte Liebe und Fürsorge niemanden zurückhalten, wenn sich eine Seele einmal entschlossen hat, diese Welt zu verlassen. Was wissen wir von den dunklen Mächten und den Kämpfen, die ein derart sensibler Jugendlicher wie Simon ausstehen musste? Simon wollte weiterleben, dies hatte er seiner Mutter mehrmals versprochen. Er konnte das Versprechen, aber nicht halten, weil der Sog auf die andere Seite viel zu stark war. Wenn ich das Foto von diesem lieben und hübschen Jungen betrachte, kann ich auch nicht glauben, dass Simon wirklich den Wunsch hatte, aus dem Leben zu gehen.

Obwohl ihre Trauer noch präsent ist, strahlt Mutter Corinne vertrauensvolle Zuversicht aus. Nach diesem schweren Schicksalsschlag hat sie sich aufgerafft und nach einer Zeit der Trauer, des Haderns, der Vorwürfe und Schuldgefühle, der Angst und Unsicherheit ihren Weg zum Weiterleben gefunden. Sie hat auch versucht, auf der spirituellen Ebene Hilfe und Verständnis zu bekommen. Corinne hat sich der Spiritualität geöffnet. Sie glaubt und spürt dank ihrer Verbundenheit mit Simon, dass es ein Leben nach dem Tod gibt. Da ist kein Platz mehr für Wut und Schuldzuweisungen. Diese Mutter hat vergeben und die Situation angenommen, so gut es eben geht.

Der größte Trost für Corinne ist die innere Gewissheit, ihr Kind im Licht zu wissen und an ein Wiedersehen zu glauben. In ihrer Trauer hatte sie den Mut, ein Medium aufzusuchen und so aus der Geistigen Welt Botschaften von ihrem Sohn zu empfangen. Sie ist auf dem besten Weg, ihre Trauer in Liebe zu verwandeln. Corinne hat mir das Zimmer von Simon gezeigt. Da sind viele Bilder, Landschaften und Gegenstände aus Afrika. Was mich am meisten berührt hat, sind Fotos von Corinnes Patenkind in Afrika. Da werden Liebe und Fürsorge an ein anderes, bedürftiges Kind weitergegeben. Da wird ein Teil Mütterlichkeit für ein anderes Menschenkind gelebt. Corinne betonte: *„Weißt Du, dies ist und bleibt Simons Zimmer. Aber es hat gut getan, nach unserer Afrika-Reise etwas daran zu verändern. Nun ist es gut so."*

In diesem Zimmer fühlte ich eine wunderbare Energie. Es ist kein Raum, der mit Trauer und Verzweiflung gefüllt ist, sondern einer, in dem man in Ruhe gemeinsamen Erinnerungen nachhängen und mit viel Liebe und Dankbarkeit im Herzen an Simon denken kann.

Ich bin mir bewusst, dass nicht alle Eltern auf die gleiche Weise reagieren und trauern können. Die Hinterbliebenen trauern so unterschiedlich, wie sie als Menschen sind und leben. In der Trauer um den erlittenen Verlust trauert man auch um sich selbst und um das Gefühl des Unvermögens, mit dem tiefen, brutalen Schmerz umgehen zu können. Besonders schrecklich fühlt man sich, wenn man daran denkt, was man mit diesem Kind noch alles hätte erleben können. Geburtstage, Konfirmation, Heirat, Enkelkinder... All das findet nicht mehr statt.

Der Suizid gehört immer noch zu den am meisten tabuisierten Themen. Die absolute Verzweiflung und Hilflosigkeit der Angehörigen und Freunde nach einer Selbsttötung zeigt uns, wie wichtig es wäre, sich frühzeitig mit dem Thema Sterben und Tod auseinanderzusetzen. Doch wer tut das schon in jungen Jahren? Ganz sicher ist es in keiner Weise angebracht, den Angehörigen auch nur andeutungsweise eine Schuldzuweisung zu machen. Ihr Leidensdruck ist so schon groß genug.

Ich glaube, der Tod und das, was erlebt wird, ist nicht abhängig von der Todesart. Ob ein gewaltsamer Tod, wie bei Mord und Suizid, oder ob ein Massensterben bei großen Katastrophen das Leben beenden: Die Seele wusste schon vorher davon. Sie verlässt den Körper und fühlt sich erwartet. Ich bin froh, dass die Kirchen weitgehend ihren Fehler eingesehen haben und die freiwillig aus dem Leben scheidenden Menschen nicht mehr verurteilen. Es gibt aber leider immer noch unverbesserliche Theologen, die bei Selbsttötung von ewiger Verlorenheit und Fegefeuer sprechen.

Der Suizid kann auch als eine mögliche Todesart angesehen werden, wenn der Mensch den Wunsch verspürt, das Leben zu beenden, oder wenn er einfach unter den gegebenen Umständen nicht mehr weiterleben kann und will. Von Gott haben wir einen freien Willen erhalten. Alles, was geschieht, entscheiden wir mit unserem freien Willen. Die geistige Wesenheit Seth, die viele Jahre durch die Amerikanerin Jane Roberts sprach, drückte dies so aus: *„Was nicht verstanden wird, ist die Tatsache, das ein Individuum sich zu leben entscheidet, bevor es ins Leben tritt. Ein Selbst ist nicht einfach das Wesen, eine Persönlichkeit, die aufgrund zufälliger biologischer Abläufe Mensch geworden ist. Jeder Mensch, der geboren wird, wünscht, geboren zu werden. Er stirbt, wenn dieser Wunsch nicht länger wirksam ist. Weder eine Epidemie, noch eine Krankheit, noch eine Naturkatastrophe – noch die verirrte Kugel aus dem Gewehrlauf eines Mörders – wird einen Menschen töten, der nicht sterben will.“*[5)]

Das folgende Gedicht zeigt auf, dass wir in Umstände hineingeboren werden, die wir selbst gewählt haben, dass wir mit einem Schicksal (Karma) geboren werden. Bekannt ist ja; dass der Mensch von seinem Schöpfer einen freien Willen erhalten hat. Wir können also im Rahmen unseres Schicksals frei bestimmen, wie wir unser Leben leben wollen. Es ist unsere Entscheidung, ob es schön, wertvoll, sinnvoll, ja gottgewollt verläuft.

Ziel unserer fortwährenden Entwicklung und Vervollkommnung ist die Heimkehr zum göttlichen Ursprung – das Einswerden mit dem Licht.

DAS LEBEN, DAS ICH SELBST GEWÄHLT...

Ehe ich in dieses Erdenleben kam,
ward mir gezeigt, wie ich leben würde:
Da war die Kümmernis, da war der Gram,
da waren das Elend und die Leibesbürde.
Da war das Laster, das mich packen sollte,
da war der Irrtum, der gefangen nahm,
da war der schnelle Zorn, in dem ich grollte,
da waren Hass und Hochmut, Stolz und Scham.

Doch da waren auch die Freuden jener Tage,
die voller Licht und schöner Träume sind,
wo Klage nicht mehr ist und nicht mehr Plage,
und überall der Quell der Gaben rinnt.
Wo Liebe dem, der noch in Erdenkleid gebunden,
die Seligkeit des Losgelösten schenkt,
wo sich der Mensch der Menschenpein entwunden
als Auserwählter hoher Geister denkt.

Mir ward gezeigt das Schlechte und das Gute,
mir ward gezeigt die Fülle meiner Mängel.
Mir ward gezeigt die Wunde, draus ich blute,
mir ward gezeigt die Helfertat der Engel.
Und als ich so mein künftig Leben schaute,
da hört' ein Wesen ich die Frage tun,
ob ich dies zu leben mich getraute,
denn die Stunde der Entscheidung schlüge nun.

Und ich ermaß noch einmal alles Schlimme.
„Dies ist das Leben, das ich leben will",
gab ich zur Antwort mit entschlossener Stimme
und nahm auf mich ein neues Schicksal still.
So ward ich geboren in diese Welt,
so war's als ich ins neue Leben trat.
Ich klage nicht, wenn's oft mir nicht gefällt,
denn ungeboren hab' ich es bejaht."

AUTOR UNBEKANNT

TAIGA UND STELLA

Die übersinnlichen Fähigkeiten der Tiere

Taiga und Stella sind zwei ausgebildete Behinderten-Begleithunde, die ich kennenlernen durfte. Sie haben auch in der Sterbebegleitung wunderbare Einsätze geleistet. Tiere als Sterbebegleiter? Ja, das gibt es.

Natürlich ist in dieser Geschichte Gilberte die Hauptperson. Ich kenne sie schon lange. Wir begegneten uns in der Betreuer-Gruppe für kranke und sterbende Patienten am Kantonsspital.

Gilberte, eine tapfere, mutige Mutter mit einer gütigen Ausstrahlung und einem gewinnenden Lächeln, sitzt im Rollstuhl. Ein Autounfall hat sie vor vielen Jahren schwer verletzt. Viele Knochenbrüche, siebzehn Operationen, zwei Jahre Spital und eine Nahtod-Erfahrung gehören zu ihrer Geschichte.

Eine tiefe spirituelle Erfahrung hat sie schließlich zur Sterbebegleitung geführt. Ihre Nahtod-Erfahrung als Schwerverletzte und ihre Genesung – die für die Ärzte ein Wunder war – bestärkten Gilberte in der Überzeugung, dass ihre Zeit noch nicht gekommen war. Gott wollte, dass sie ihre Bestimmung lebe. Es war noch nicht Zeit. Gott wollte, dass sie ihre Bestimmung lebte, um schwer kranken Menschen und Leidenden ihre Erfahrungen weiterzugeben.

Ein langer Weg lag hinter ihr, bis sie als Mutter von drei Kindern so weit war, dass sie die Aufgabe im ihr neu geschenkten Leben wahrnehmen konnte. Sie musste ja zuerst mit ihrer Behinderung und den vielen Folgeschäden klarkommen.

An dieser Stelle kommt Taiga, ihr Behinderten-Begleithund – ein wunderschöner Labrador-Retriever – ins Spiel. Die Hündin sitzt immer bei ihr auf dem Rollstuhl, wenn Gilberte zu den Kranken und Leidenden geht. Das Tier ist ganz ruhig und schaut mit seinen dunklen Augen die Menschen an. Taiga weiß um ihre Aufgabe. Ob als Therapiehund oder in der Sterbebegleitung, dass Tier knüpft immer eine Verbindung zu den Menschen. Taiga zeigt durch ihr Verhalten an, ob Nähe oder Distanz angebracht ist. Sie signalisiert dies durch ihre Körpersprache – also mit Schnuppern, Schlecken oder nur einer sanften Berührung mit der Pfote. Eine nonverbale Kommunikation findet statt, die Gilberte versteht und umsetzen kann. Es entsteht eine Verbindung Mensch – Tier – Mensch, die nicht über den Verstand erfasst werden kann. Sie ist einfach da, und es ist gut so. Manche tiefgreifenden Gespräche auf der emotionalen Ebene hat Taiga mit ihrer Gegenwart in Gang gebracht. Und so wurde sie auch zum Begleithund in den letzten Stunden des Lebens.

Ich habe Taiga als sehr spezielles Tier kennengelernt. Ich spürte seine ganzheitliche Wahrnehmung, und es beeindruckte mich sehr. Es wäre Taigas bedingungslose Loyalität zu Gilberte zu erwähnen, auch ihre Haltung und ihr Gehorsam. Der Hund stellte sich Gilberte auf eine ganz besondere Art und Weise zur Verfügung. Er erkannte und erahnte die Bedürfnisse von Menschen, auch wenn diese nicht ausgesprochen wurden. Für mich sind Taiga und ebenso ihre Nachfolgerin Stella spirituelle Tiere.

Eine sehr schmerzvolle Erfahrung musste Gilberte machen, als Taiga krank wurde und vom Tierarzt durch eine Spritze von ihrem Leiden erlöst wurde. Es war kein gewöhnliches Sterben.

Gilberte berichtet vom Tod ihres Hundes:

„Am Sonntag, dem 12. März 2006, war es dann so weit. Die kurze Zeit, die uns noch blieb, nutzten wir ganz speziell, weil auch du, liebe Taiga, ganz speziell warst. Du hast noch ziemlich viel gegessen, da du auf deine letzte Reise noch Proviant mitnehmen wolltest.

Um 11.15 Uhr hast du mir den letzten Abschiedskuss gegeben. Mit deiner rechten Pfote hast du meine rechte Hand gehalten. Wir lagen beide zusammen am Boden auf deiner Decke. Ich hielt dich in meinen Armen, und wir hatten Augenkontakt. Um 12 Uhr kam dein Tierarzt. Als du seine Stimme vernommen hast, bist du aufgestanden und hast ihn sehr freudig begrüßt, trotz deines schlechten Zustandes. Nun wusstest du, dass deine Zeit gekommen war und du mit Hilfe des Tierarztes würdest gehen können. Nachdem du die Spritze bekommen hattest, warst du so ruhig. Du bist ganz entspannt und ruhig von uns gegangen. In diesem Augenblick schien sogar ein Sonnenstrahl in die Stube. Für dein Leben und diesen so besonderen Moment möchte ich dir danken. Ich bin für jede Sekunde dankbar, die wir zusammen verbringen konnten.

Mit dem Rollstuhl-Taxi brachte ich dich in meinen Armen nach Seon ins Krematorium. Der schwerste Moment war, als ich dich in den Ofen legen musste. Als wir dann mit der Urne aus dem Krematorium kamen, hast du mir, liebe Taiga, ein wunderbares Licht am Himmel gezeigt. Ich wusste, dass du gut heimgekommen warst."

Nach einiger Zeit der Trauer und nach der Verarbeitung ihres Verlustes bildete Gilberte die Hündin Stella als Taigas Nachfolgerin aus. Stella ist ein schöner Labrador mit einem rührenden Hundeblick, der einem zu Herzen geht. Sie entwickelt die gleichen Eigenschaften wie Taiga. Gilberte ist sich gewiss, dass etwas von Taiga in Stella weiterlebt.

Stella hat den Platz und die Aufgabe von Taiga übernommen. Ihre Besitzerin erzählt mir von einer eindrücklichen Sterbebegleitung:

„Ich wurde zu einer Sitzwache bei einer jungen Frau gerufen, die sich in der Endphase ihres schweren Krebsleidens befand. Über Stella war der Kontakt zu ihr sofort da. Der Hund schaute mit liebevollem Blick zu der Schwerkranken hin und gab mir, indem er die Pfote auf das Bett legte, zu verstehen, ich solle die Hand der Kranken halten. Es war eine so ruhige, würdevolle, fast heilige Atmosphäre im Raum. Die schwerkranke Patientin, Stella und ich. Wir haben nicht viel gesprochen in diesen Nächten. Die Patientin wollte nur noch mich und den Hund als Begleiter in ihren schweren Stunden um sich haben. In der Nacht, als die Patientin am Sterben war und die Lebensenergie sich aus dem Körper zurückzog, hat sich Stella abrupt von der Frau abgewendet. Aus dem Gesicht der Sterbenden war alle Farbe gewichen, und ihre Hände und Extremitäten fühlten sich ganz kalt an. Ich erwartete ihren letzten Atemzug. Da hat die Schwerkranke, die vorher nicht mehr gesprochen hatte, die Augen nochmals aufgeschlagen und laut und deutlich gesagt: „Ich vergaß, dem Hund Tschüss zu sagen." Sie hat mit Stella Augenkontakt aufgenommen und zum Hund gesagt: „Pass gut auf deine Herrin auf." Dann hat sie ganz ruhig und gelassen ihren letzten Atemzug getan. Das war für mich ein tief ergreifendes Erlebnis."

HABEN TIERE ÜBERSINNLICHE FÄHIGKEITEN?

Ich denke da zuerst an unsere Katze. Sie ahnt die Heimkehr von uns voraus und holt uns mitten in der Nacht beim Auto ab, wenn wir nach Hause kommen. Es gibt Hunde, die im Voraus epileptische Anfälle anzeigen. Ein Hund bellt, bevor eine bestimmte Person anruft. Und dann gibt es diesen berühmten Kater eines Pflegeheims für Demenzkranke, der sich mit untrüglichem Spürsinn immer auf das Bett von Sterbenden legt und so dem Personal signalisiert, dass es bald so weit sei. Dieser Kater spürt, wenn ein Mensch sterben wird. Schnurrend schmiegt er sich an ihn und bleibt bis zum letzten Atemzug bei ihm.

Ich bin in der Tat der Meinung, Tiere können auf ihre Weise seelische Begleiter von Menschen und ihnen auf ihrem spirituellen Weg behilflich sein. Sie übernehmen in gewissen Situationen Energiearbeit und ziehen auch Energieformen an.

Wenn wir beim Beispiel von Stella bleiben: Sie hat gespürt, wie sich die Energieform vom sterbenden Menschen zurückzog und sich entfernte. Also hat sie sich ebenfalls abgewendet. Gilberte erzählte mir, ihr sei gesagt worden, dass Tiere auch hellsichtig seien und sehen könnten, wenn sich die Aura des Menschen im Tode zurückziehe. In jüngster Zeit sind einige Bücher erschienen, die sich mit diesem interessanten Phänomen befassen.[6]

Ich erinnere mich an eine eindrückliche Sterbebegleitung, als eine Katze mir zu verstehen gab, was ich nun tun, beziehungsweise nicht tun sollte.

Ich saß am Bett einer todkranken jungen Frau und machte mir Gedanken, wie ich ihr helfen könne. Es war mitten in der Nacht. Da erschien plötzlich die Katze durch die leicht geöffnete Tür. Ich war ganz still und habe einfach wahrgenommen. Das Tier sprang auf das Bett der Sterbenden, schritt vorsichtig um die Frau herum, beschnupperte sie liebevoll und sprang dann auf meinen Schoß. Obwohl ich diese Katze nicht kannte, fühlte ich zwischen ihr und mir viel Nähe. Es war eine außergewöhnliche Verbindung da. Mensch – Tier – Mensch. Die Schwerkranke atmete jetzt ganz ruhig, die Katze schaute treuherzig zu ihrem lieben Menschen, und ich war in einer Stille gefangen, die man nur Achtsamkeit nennen kann. Diese traute Gemeinsamkeit hat einige Zeit angehalten.

Nach dieser Begegnung war alles anders. Ich wusste nun, dass ich nur da sein musste. Mit all meiner Liebe und Aufmerksamkeit und mit offener Gelassenheit. Diese Botschaft hat mir das Tier vermittelt. Diese Katze war ganz unversehens aufgetaucht, teilte unser Schweigen und machte es wertvoll: Ihre Anwesenheit gab dieser Nacht eine besondere Qualität.

IN FREUDE LEBEN

Freude ist ein wunderbares, ein göttliches Gefühl und der eigentliche Antrieb für ein glückliches Leben. Sie entspringt einer göttlichen Quelle, und Freude fühlt man am intensivsten in der Verbindung mit dem Göttlichen: Im Gebet, in der Kontemplation, in der Meditation.

Mit der Hilfe unserer Engel gelingt es uns leichter, die Verbindung zu dieser Ur-Freude zu finden. Die Botschaft der himmlischen Wesen lautet: Pflege und fördere die Verbindung zu Gott. Versuche, in jeder Situation das Göttliche zu erkennen. Nimm in jedem Menschen den göttlichen Kern wahr. Suche nach dem Licht hinter der vielleicht dunkelgrauen Fassade, denn es ist in jedem Menschen vorhanden. In diesem Bewusstsein erkennen wir die Wunder der Schöpfung, entwickeln wir Liebe zu den Menschen, zu den Tieren als unseren Mitgeschöpfen und überhaupt zu allen Lebewesen.

Freude ist ein wichtiger, kraftvoller Lebensimpuls. Franz Lichtenecker, der in Zürich Gruppen zu geistiger Entfaltung und medialer Entwicklung anleitet, vermittelt uns immer wieder: *„Die Freude muss zuerst in euch geschaffen werden. Gottes Freude ist in uns. Wir müssen uns dessen nur bewusst werden. Wenn wir mit IHM sind, strahlt seine Freude durch uns und wird von den anderen Menschen wahrgenommen. Alles, was wir tun, sollte in dieser SEINER Freude getan werden."*

Ich bin überzeugt, dass auch Sterbebegleitung in dieser Freude getan werden sollte. Deshalb ist es nicht seltsam oder fehl am Platz, wenn ich einen todkranken Menschen in stiller Freude begleite. Gewiss, er hat den Tod vor sich und wird seinen Liebsten entrissen. Aber bei dieser Grenzerfahrung nimmt man als Begleitender wahr, dass das, was sich ereignet, nach Gottes Willen geschieht. Die Todkranken ahnen etwas von der Freude, die sie erwartet, wenn sie heimgekehrt sein werden. Schon oft habe ich erlebt, dass es die Sterbenden waren, die ihre Angehörigen trösteten und sich beinahe entschuldigten, dass sie nun ihren Weg gehen mussten.

Früher hatte ich immer ein schlechtes Gewissen, wenn ich nach dem Tod eines Menschen, den ich hatte begleiten dürfen, spontan Freude empfand. Die Schwingung der Freude über die Erlösung des soeben Verstorbenen erfasst aber auch den Begleiter. Das wurde mir von anderen Begleiterinnen und Begleitern bestätigt. Diese Freude ist für mich das kostbarste Geschenk. Basis dieses Geschehens ist jedoch die Liebe: Sie durchdringt alles, ist gegenwärtig und spürbar. An uns liegt es, die Liebe immer wieder in unser Leben zu holen. Die Engel begleiten uns dabei.

In einer Übung mit Franz Lichtenecker und seiner Frau Esther hat sich die teilnehmende Gruppe mit den Engeln verbunden. Was sich im Verlaufe dieser Übung ereignete, hat mich tief und nachhaltig berührt.

Zuerst beteten wir in Stille und luden einen Engel ein, zu uns in den Kreis zu kommen. Es erschien der „Engel der Freude", dessen Gegenwart und dessen dynamische Ausstrahlung unmittelbar spürbar waren. Ich hatte große Lust, einen Luftsprung zu machen, zu lachen, zu tanzen und zu springen oder mich lustvoll im Wasser zu bewegen. Die Freude manifestierte sich sehr stark auf der aktiven, körperlichen Ebene. Die ganze Gruppe hatte ähnliche Empfindungen – es war unbeschreiblich schön.

In der folgenden Meditation wurden der Engel-Impuls und die Kraft etwas feiner, sanfter und ruhiger. Meine Wahrnehmung hatte nun die Frequenz, die Ebene, gewechselt. Der Engel der Freude ließ mich ganz stark die Gemeinschaft erleben und erfahren, wie ansteckend Freude sein kann, wie sie tatsächlich geteilt werden und sich übertragen kann. Im Geiste sah ich die ganze Gruppe in einer freudigen Umarmung umschlossen und kommunikativ vereint. Die Freude wurde geteilt und ausgetauscht, wortlos zwar, aber dennoch voller Intensität. Es ging um eine kollektive Wahrnehmung, die keiner Erklärung bedurfte. Eine Schwingung hatte sich ausgebreitet, und unsere Energie hatte sich verändert. Im Augenkontakt konnte ich die Gegenwart des Engels bei meinem Gegenüber wahrnehmen und spüren.

Der Engel der Freude hatte unsere ganze Gruppe tief berührt und gesegnet. Die Empfindung der Freude war am Schluss sanft, zärtlich, einfühlsam, stimmig, fast heilig. Diese körperlose Wahrnehmung könnte man wohl als mystische Erfahrung bezeichnen. Für mich persönlich hatte sie dennoch mit meinem subjektiven Empfinden zu tun: Zunächst über die körperliche Wahrnehmung und danach über mein Herz. Diese starken, freudvollen Empfindungen von Licht und Wärme waren für mich ein Erlebnis, dessen Echtheit ich nicht im Geringsten anzweifele. Ich bin zutiefst dankbar für diese Erfahrung.

Allen Menschen sind Erfahrungen mit Engeln möglich, auf

welcher Ebene auch immer. Voraussetzungen sind neben dem Glauben an die Existenz der Lichtboten ein genügendes Maß an Ruhe, Offenheit und Sensibilität.

Das Gefühl der Freude und des Glücks hängt weitgehend von meiner Einstellung ab. Ich kann mich selber glücklich oder aber unglücklich machen. Wer glücklich durchs Leben gehen möchte, darf sich nicht dauernd durch unerfreuliche und negative Beeinflussungen niederdrücken lassen. Ich habe den Entschluss gefasst, mich nicht dem Einfluss der Massenmedien auszusetzen und mich nicht von medialer Panikmache und auch nicht von Zukunftsängsten vereinnahmen zu lassen. Wie jeder Mensch, habe auch ich meine Lasten zu tragen, aber ich versuche, eine positive Lebenshaltung einzunehmen. Freude erzeugt Vertrauen in Gott, und Vertrauen baut meine innere Sicherheit auf. Wenn ich Vertrauen habe in Gott, dann wächst auch das Vertrauen zu mir selbst und in meine inneren Kräfte.

Ich weiß, ich kann freudig leben, und aus diesem Vertrauen heraus kann ich auch freudig sterben. Wie ich lebe, so sterbe ich. Ausgesöhnt sein mit Gott, mit sich selbst, mit dem eigenen Leben und mit den Mitmenschen ermöglicht auch ein Sterben in Frieden und mit einem tiefen Gefühl der Freude.

Dass die Freude auch schöne, tiefe Gedanken und überdies wunderbare Musik erzeugen kann, beweist die weltbekannte „Ode an die Freude" von Friedrich Schiller, die Beethoven in seiner 9. Symphonie vertont hat:

Freude schöner Götterfunken,
Tochter aus Elysium,
wir betreten feuertrunken,
Himmlische dein Heiligtum!
Deine Zauber binden wieder,
was die Mode streng geteilt;
Alle Menschen werden Brüder,
wo dein sanfter Flügel weilt.

Wann immer diese Hymne erklingt, wird der göttliche Ursprung der Freue spürbar. Das Tor zum Heiligtum der Freude
steht allen Menschen offen.

DAS LEBEN VOR DEM STERBEN

Wenn ich an meine Gespräche mit Schwerkranken denke, erinnere ich mich, dass manche Menschen es bedauern, nicht voll und ganz gelebt zu haben. Da hört man schon Sätze wie: „Hätte ich gewusst, dass mein Leben so früh endet, dann hätte ich noch...." Ein glückliches und erfülltes Leben erleichtert das endgültige Loslassen. Unerfüllte Träume und Wünsche dagegen können einem unheilbar kranken Menschen schmerzlich präsent sein.

Wer gut gelebt hat, kann auch gut sterben. Ein Mensch, der auf eine intensiv und bewusst gelebte Lebenszeit zurückblicken kann, muss nicht vermeintlich verpassten Gelegenheiten und Möglichkeiten nachtrauern. Bei jeder Rückschau kommen allerdings neben schönen Lebensereignissen auch weniger schöne Situationen und vielleicht ungelöste Probleme zum Vorschein. In diesem Moment des Erkennens muss ich eingestehen: Ja, so war ich. So habe ich gelebt, mit den guten und weniger guten Anteilen meiner Persönlichkeit. Was alles andere als vollkommen gewesen und falsch gelaufen ist: Ich verzeihe mir und allen anderen Beteiligten. Ich nehme mein Leben in seiner ganzen Bruchstückhaftigkeit, mit allem Schönen und allem Fehlverhalten an. In dieser Gesinnung darf ich mein Leben segnen und es Gott übergeben. Wenn wir in Ruhe und Frieden sterben, sind wir mit allem versöhnt. Die Redewendung: „Er oder sie hat das Zeitliche gesegnet", erfährt dann ihre wahre Bedeutung.

Wir sollten unser Leben intensiv und freudig leben. Niemand weiß, ob der heutige Tage nicht sein letzter Lebenstag ist. Dieses Heute – das allein gehört uns. Die Vergangenheit liegt schon hinter uns, die Zukunft liegt noch im Ungewissen. *Also leben wir jeden Tag so, als sei er unser letzter.* Selbstverständlich kann dies nicht heißen, dass man in reiferen Jahren in einer Art Torschlusspanik hektisch versuchen sollte, Verpasstes nachzuholen und sich in diesem Bemühen in eine falsch verstandene Jugendlichkeit stürzt.

Harald Feld und Walter Michel schreiben in ihrem Buch *Kompass für das Abenteuer Alter: „Nicht die Dauer des Lebens, sondern der Inhalt, den wir ihm gegeben haben, den Grad der Erfüllung unseres Lebensauftrags, ist das Maß, mit dem der Schöpfer uns messen wird.“*[7)]

Sinnvoll ist es, in Meditation und Gebet verschiedenen Fragen nahe zu kommen: Was ist mein Lebensauftrag? Warum bin ich überhaupt auf dieser Erde? Was ist Sinn und Ziel meines Lebens? Wenn uns unsere innere Stimme, unsere Intuition, eine Offenbarung schenkt, lernen wir allmählich zu erkennen, was unser Leben einmalig und kostbar macht. Setzen wir uns Ziele, nehmen wir unsere Lebensaufgabe deutlicher wahr – selbst im Alter noch.

Die beiden erwähnten Autoren führen ihre Gedanken weiter aus: *„Glaube, Hoffnung und Liebe sind die kosmischen Kräfte, die über alles Menschliche hinausgehen. Wenn alle Hoffnung zu schwinden droht, kann die Gnade Gottes alles zum Guten wenden. Wenn es aber bestimmt ist, dass ein Schicksal eintritt, dann nehmen wir es in Demut an. Im Wort*

Schick-sal steckt eine zweifachen Bedeutung: Die erste Silbe drückt aus, dass es einen Absender gibt, der uns etwas schickt. In der zweiten Silbe „sal" verbirgt sich „salus", gleich Heil. Ein Schicksal ist also etwas, was uns zum Heil geschickt wird."[8)]

Betrüblich ist es, dass manche Menschen unversehens mit sich selber nichts mehr anzufangen wissen. Der Alterungsprozess, die Einsamkeit, ein Gefühl der Nutzlosigkeit und der Überflüssigkeit der eigenen Existenz führt in eine gefährliche Antriebslosigkeit. Dieses Gefühl kann sogar in eine Altersdepression hineinführen, zu destruktiven Stimmungen und zu Gedanken wie: „Das alles hat ja doch keinen Sinn mehr." Diesen Menschen fehlt es an Selbstvertrauen wie auch an Gottvertrauen. Gelingt es, sie davon zu überzeugen, dass sie mit der Kraftquelle Gott verbunden sind, ist Heilung möglich.

Was ist positiv im Leben eines alten Menschen?

Harald Feld und Walter Michel beantworten diese Frage folgendermaßen:

„Die Dominanz des ICH verblasst, der Ehrgeiz geht zurück, Machtstreben und Eitelkeit erlahmen, der Besitz verliert an Bedeutung, die Verzweiflung über eigenes Versagen wird zur verständnisvollen Gelassenheit.

Eine neue Harmonie, die stille Heiterkeit des Alters, tritt in Erscheinung. Wir genießen, wenn wir ein Ziel erreicht haben, ja, wenn wir dem Ziel ein merkliches Stück näher gekommen sind. Wir freuen uns, wenn wir auf ein erfülltes Leben zurückblicken können. Es wird oft gesagt, dass wir im Alter dem Schicksal entrückt sind, vielleicht dem eigenen, denn je älter

wir werden, umso stärker nimmt die Bedeutung der Zukunft
für uns persönlich ab. Wir nehmen intensiver am Schicksal un-
serer Umwelt teil, am Schicksal des Lebensgefährten, der Kin-
der, der Freunde."[9)]

Einen wichtigen Punkt, den ich aus meinen persönlichen
Erfahrungen noch ansprechen möchte, ist die Erkenntnis,
dass man das Altern als Lebensform und Lebensaufgabe
nicht einfach so ohne weiteres annehmen kann. Man lernt es
frühzeitig am ehesten im Umgang mit alten Menschen. Ich
denke da an die Kindheit mit Großmama und Großpapa als
Beispiel und Vorbild. Später haben wir die Chance, im Umgang und bei der Betreuung der alten Eltern vieles zu beobachten und zu lernen. Auch wenn man diese Chance nicht
mehr hat, bieten sich andere Gelegenheiten zum Kontakt mit
älteren und alten Menschen, sei es in der Verwandtschaft, im
freundschaftlichen Umfeld oder in der Nachbarschaft. Besuche und gemeinsam verbrachte Zeit mit alten Menschen ver-
schaffen uns ganz direkte Erfahrungen, was *alt sein* bedeuten
kann. Viele „Alte" haben in diesem Sinne Vorbildfunktion
und können jüngeren und jungen Menschen lehren, wie man
mit dem Alter und altersbedingten Einschränkungen umgehen kann.

Ich denke, es war nicht bedeutungslos, dass meine Kinder
und Kindeskinder beobachten konnten, welches Verhältnis
mich mit meiner alten Mutter verbunden hat. Oft habe ich
mit meiner Tochter darüber gesprochen und in Gedanken
oder offen gesagt: „Mein Gott, wenn meine Kinder auch einmal derart viel Geduld aufbringen müssen wie ich jetzt für
meine Mutter. Wie ist das, wenn ich ebenfalls dement werden sollte und meine Kinder belasten müsste? Das macht mir

Angst." Mit großer Selbstverständlichkeit haben mir meine Kinder versichert, dass sie mir die gleiche Liebe und Fürsorge zuteil werden lassen würden wie ich und auch mein Mann sie für meine Mutter in all ihrer Hinfälligkeit aufbrachten.

Für mich waren aber längst nicht alle Fragen beantwortet, ich befand mich viel mehr in einem Gefühlschaos: „Könnte ich die Fürsorge meiner Kinder überhaupt annehmen? Könnte ich es zulassen, dass sie ihre wenige Freizeit für mich opfern? Und könnte ich es billigen, wenn sie bestimmen würden, was für mich das Beste zu sein hat?" Ich bin zu dem Schluss gekommen, dass ich genau wie meine Mutter in der Lage sein würde, Hilfe anzunehmen. Das Beispiel meiner Mutter war also wichtig für mich und meine Vorbereitung auf das eigene Alter.

Zum Glück gab es während jener Zeit, da die Betreuung meiner Mutter viel Zeit und Kraft erforderte, auch viele fröhliche und besinnliche Stunden. Wir konnten lachen und eine schöne, unvergessliche Zeitspanne erleben. Ich erinnere mich gerne daran, wie ich mit meiner Mutter stundenlang auf ihrem Balkon saß und mit ihr die geliebten Berge, die Bergkette der Churfirsten am Walensee, bewunderte. Wie war meine Mutter in ihrer bereits fortgeschrittenen Demenz glücklich, wenn sie die schönen Berge betrachten konnte. Sie sagte mir mehr als einmal: „Weißt du, Kind, wenn ich meine Berge betrachte, fühle ich mich wirklich zu Hause und auch Gott sehr nahe." Ja, meine alte Mutter hat erfahren, dass von den Bergen Hilfe kommen kann, wenn man seine Augen aufhebt. Ich erinnerte sie an die Worte vom Psalm 21:

Ich hebe meine Augen auf zu den Bergen,
von welchen mir Hilfe kommt.
Meine Hilfe kommt vom Herrn
der Himmel und Erde gemacht hat.
Er wird meinen Fuß nicht gleiten lassen,
und der mich behütet, schläft nicht.

Mama war dann in diesen kostbaren Momenten immer getröstet und glücklich. Heute noch und immer wieder, wenn wir die Gräber unserer Eltern besuchen, fühle ich mich mit Mama verbunden. Ich denke an die Stunden auf ihrem Balkon zurück. Nicht der Besuch am Grab, sondern diese Erinnerung an gute gemeinsame Stunden machen mich glücklich. Wenn ich die Berge betrachte, die sich majestätisch über dem Friedhof erheben, dann fühle ich manchmal die Gegenwart meiner Mutter.

Es ist also wichtig, dass man sich nicht nur auf das Sterben, sondern auch auf die Zeitspanne davor vorbereitet. Je älter der Mensch wird, umso mehr richten sich seine Sinne nach oben, zum Himmel, aus. Immer mehr verlieren sich materielle und rein irdische Ziele. Sie haben nicht mehr den gleichen Wert wie früher. Es entwickelt sich Gelassenheit: Man hat Einiges hinter sich gelassen. Und weil auch die Gedächtnisfunktionen nachlassen, geraten Ereignisse, die einst eine wichtige Bedeutung hatten, in den Hintergrund. Anderes wieder ist fest in der Erinnerung verankert. So können alte Augen glücklich aufleuchten, wenn die Frage „Weißt du noch, damals...?" gestellt wird. Im Schatzhaus der Erinnerung ist viel Wertvolles gespeichert.

ERFOLGREICH ALT WERDEN

Im schon zitierten Buch „Kompass für das Abenteuer Alter" finden sich wertvolle Anregungen zu der Frage, was man rechtzeitig in die Wege leiten muss, um das Alter als wertvolle Lebensphase akzeptieren zu können.

1. **Vom 35. Lebensjahr an bereits an die Zeit nach der beruflichen Tätigkeit denken.**
   1. Was ist das Alter?
   2. Wie ist das Alter?
   3. Planung der Rente
   4. Planung und Beginn von außerberuflichen Tätigkeiten
   5. Planung der Gesundheitsvorsorge
   6. Planung des Wohnens und des Umfelds

2. **Bewusst Liebhabereien pflegen, die man bis ins hohe Alter betreiben kann, wobei aktive Tätigkeiten wertvoller sind als passive.**
   - **Körperliche:** Sport (Wandern, Gymnastik, Schwimmen, Radfahren, Golf, Tennis), Reisen
   - **Geistige:** Bildende Künste – Malerei – Musik – Schreiben – Sammeln – Beschäftigen mit Philosophie, Naturwissenschaft, Geschichte
   - **Seelische:** Religion, Meditation, Kontemplation, Entwicklung der inneren Sinne, Erkennen und den inneren Stimmen der Seele folgen.

3. Immer im Heute leben und in die Zukunft planen.

Nie in der Vergangenheit leben. Wer sagt: „Früher war alles besser", der befindet sich schon im Zustand der Vergreisung. Denn das, was schlechter war, war auch schon vor 2000 Jahren schlechter, und das, was besser sein sollte, wurde auch schon vor 2000 Jahren als verbesserungswürdig angesehen. Wir erfahren nur, dass der Mensch nicht viel hinzugelernt hat.

4. Der berufliche Ruhestand darf nicht zum geistigen Stillstand verkommen.

Denn dann ist es nicht mehr weit davon, dass wir taten- und teilnahmslos auf das Ende warten. Dann sind wir lebende Tote.

5. Wir benötigen die Kunst des Loslassens.

Wir lernen und üben das Loslassen, indem wir uns von Dingen, Handlungen und Menschen trennen, die überflüssig, uns nicht bekömmlich, nicht notwendig sind. Wir wenden uns den bekömmlichen, wichtigen und wertvollen Dingen, Gedanken, Handlungen und Menschen zu.

6. Wir entwerfen ein optimistisches Welt- und Menschenbild und beziehen den Tod mit ein, verdrängen ihn nicht. Dieses Welt- und- Menschenbild muss uns „durchtragen"!

7. Wir wollen die Kunst erlernen, aus unserem Leben zu jeder Zeit das Beste zu unserem Nutzen und zum Nutzen anderer zu machen. Wir sind zu jeder Zeit nützlich und wertvoll.

8. Seien wir immer freundlich zu allen und freuen uns an allem.
Üben wir das Danken.

9. Nehmen wir uns selbst nicht gar so wichtig. Über sich selbst lachen zu können, ist eine Eitelkeitsbremse.

WAS VERKÜRZT, WAS VERLÄNGERT DAS LEBEN?

Die Faktoren, die das Leben nachweislich verkürzen, sind das Rauchen, übermäßiger Alkoholgenuss, zu wenig Bewegung, falsche, nicht wesensgemäße Ernährung und zu wenig Schlaf. Außerdem haben permanente Unzufriedenheit, Frustration, Kommunikations- und Beziehungsmangel, Selbstmitleid und Lustlosigkeit und permanente Angst vor dem Tod einen negativen Einfluss.

Wer sich regelmässig sportlich betätigt, ausgewogen isst, das Idealgewicht bewahrt, wird älter.

Ganz wesentlich sind eine positive Lebenseinstellung, ein durchtragendes Weltbild, harmonische Lebensverhältnisse und eine permanente kreative, altersneutrale Beschäftigung.[10)]

3

GEZEITEN
DER TRAUER

TRAUER IST LIEBE

Der Umgang mit der Trauer ist etwas vom Schwersten, was einem Menschen zu lernen auferlegt ist. Das Gefühl der Verlassenheit wird meist erst dann als richtig bitter empfunden, wenn die Trauerfeierlichkeiten vorüber sind.

Einige Trauernde haben mir berichtet, dass sie das erste Trauerjahr als totalen Ausnahmezustand erlebt hätten. Man funktioniere einfach, weil das Leben weitergehe. Besonders schlimm seien die Festtage, die Geburts- und persönlichen Gedenktage und ebenso der Jahresübergang – alle diese besonderen Tage, die man zum ersten Mal ohne den geliebten Menschen verbringen müsse. Vergangenheit und Zukunft, Erinnerungen und Gegenwart kämen sich in diesen Tagen auf eine Weise nahe, dass es fast nicht zu ertragen sei.

Auch jene Mutter, die ihren Sohn Simon durch Suizid verloren hat, sagte mir: *„Am schlimmsten ist es, wenn man sich bewusst wird, dass man die Festtage oder Familienfeste und andere schöne Stunden nie mehr mit dem geliebten Sohn wird* *erleben dürfen – nie mehr. Und die Gewissheit, dass dies immer so bleiben und es nie eine Zukunft mit dem Sohn zusammen geben wird, macht mich manchmal beinahe wahnsinnig."*

Kann man einen Menschen in seinem tiefen Verlustschmerz überhaupt trösten? Man kann es versuchen. Aufgrund meiner großen Erfahrung bei der Begleitung Sterbender wurde mir gezeigt und ist mir zur inneren Gewissheit geworden, dass es keine Endgültigkeit des Todes gibt. Was mit der Seele geschieht, was sie alles auf dem Weg heim ins Licht erlebt, bleibt ein Mysterium. Der Seele des lieben Angehörigen geht es gut. Sie ist im Himmel, im Jenseits, in einer anderen Welt, oder wie immer man diese ganz andere Dimension bezeichnen mag.

Als Sterbebegleiter kann man trauernde Hinterbliebene, die dafür offen sind, auf diese andere Dimension hinweisen. Man kann ihnen versichern, dass die Existenz des lieben Verstorbenen nicht ausgelöscht ist, sondern in der eigentlichen Wirklichkeit weiterlebt, wo es einmal ein Wiedersehen geben wird. Häufig höre ich von Trauernden, sie hätten das Gefühl, ihr lieber Verstorbener sei ihnen ständig nahe und sie könnten seine Gegenwart spüren. Das ist ja auch so: Die andere, die feinstoffliche Welt ist immer gegenwärtig, überall um uns herum. Der Verstorbene lebt einfach in einer anderen Wirklichkeit oder Dimension. Vor diesem Hintergrund habe ich auch jene Frau verstanden, die mir erzählte, beim Aufräumen der Wohnung ihres verstorbenen Vaters habe sie ganz deutlich frischen, intensiven Tabakgeruch wahrgenommen – einen Geruch, der zu Lebzeiten des Vaters für die Räumlichkeiten charakteristisch gewesen war.

Die Zeit heilt alle Wunden. Dieser alte Spruch enthält viel

Lebensweisheit. Im zweiten Jahr der Trauer sind Fest- und Erinnerungstage noch immer mit Schmerz verbunden. Man lernt jedoch allmählich, mit der unveränderbaren Situation zu leben. Der Trauernde wird sich mit der Zeit bewusst, dass der tiefe Schmerz, den er erlebt, ein Verlustschmerz ist, den er in sein Leben integrieren muss. Heilsam ist es, wenn der Trauernde für Trost, ja auch für kleine Aufmunterungen offen ist: Ein kurzer Besuch, eine schöne Melodie, ein Anruf, blauer Himmel und Sonnenlicht.

Schlimm wird es jedoch, wenn der Trauernde untröstlich ist, keine Gefühlsregung, keine Annäherung mehr zulässt und die akute Trauer zu einem chronischen Zustand führt, ja in einer Depression endet.

Der amerikanische Autor Paul Benett schreibt in seinem Buch *Loving Grief* (Trauer in Hoffnung verwandeln)[11] über den Tod seiner Frau Bonnie: *„Am Anfang habe ich Ruhe gefunden im Wissen, dass Kummer der Weg ist, wie meine Liebe für Bonnie sich anfühlt. Was ich gefühlt habe, als es mir schlecht ging, war Liebe für sie. Was ich an glücklichen Tagen gefühlt habe, war ebenfalls Liebe für sie. So wie sich meine Liebe von Tag zu Tag anders anfühlte, während Bonnie mit mir war, so fühlte sich auch mein Kummer von Tag zu Tag und Monat zu Monat anders an, jetzt, wo ich sie verloren habe.*

Mein Vertrauen, dass der Kummer sich ändert, genauso wie es die Liebe tut, beruhigte mich. Meine Trauer, zwei Jahre nach ihrem Tod, ist nicht dieselbe wie die, welche ich während der ersten Wochen und Monate durchlebte. So wie sich meine Liebe von Tag zu Tag anders anfühlte, während Bonnie mit mir war, so fühlte sich auch mein Kummer von Tag zu Tag und Monat zu Monat anders an, jetzt, wo ich sie verloren habe.

Die Trauerarbeit hat mir geholfen, die Form meiner Liebe für Bonnie zu entdecken, obwohl sie sich veränderte."

Von Jahr zu Jahr wird das Geschehen nicht mehr mit einer so schmerzhaften Intensität erlebt wie anfangs. Mit der Zeit wird es leichter, sich mit der gegebenen Situation abzufinden. Wenn ich an meine eigene Erfahrung mit unserem tot geborenen Kind denke, so habe ich ähnliche Phasen durchgestanden. Meine Trauer war nicht einfach die Reaktion auf das traurige Ereignis, sondern ein lange andauernder Prozess. Einen wesentlichen Teil meiner Traurigkeit habe ich in den Körper zurückgedrängt – Krankheit und Beschwerden waren die Folge. Dass schließlich ein Myom in mir wuchs, hatte damit zu tun, dass ich unbewusst den Wunsch hatte, nach der Totgeburt des Kindes wieder etwas in meinem Körper wachsen zu lassen. Mein Seelenschmerz konnte erst ausheilen, als ich Jahre danach unser Enkelkind Chantal in den Armen halten durfte. Diesem Kind durfte ich all die Liebe und Fürsorge schenken, die ich dem verstorbenen Kind nicht hatte geben können. Die Heilung nahm ihren Weg über mein Herz und meine Emotionen.

Bei schweren Krankheiten, wie etwa Leukämie oder Krebs, beginnt die Trauer schon viel früher: Dann, wenn Angehörige erleben müssen, wie die Kräfte des geliebten Menschen nachlassen, wie seine Körperfunktionen allmählich versagen und mit Hilfsmitteln oder Maschinen unterstützt werden müssen. Der Schwerkranke kann nicht mehr gehen, die Atmung macht Mühe, vielleicht kann er nicht mehr schlucken. Alle diese Erfahrungen sind sowohl für den betroffenen Menschen als auch für seine Angehörigen ein schmerzhafter Trauerprozess ganz eigener Art.

Das Loslassen-Müssen wird in diesen Tagen und Stunden sehr schmerzhaft erfahren und löst Trauer aus.

Paul Benett schildert seine Trauer folgendermaßen: *„Tatsächlich war es so, dass die Trauer lange vor der schlechten Diagnose begann, obwohl ich das nicht erkannte. Irgendwann in jenen zwei Jahren, wo Hoffnung unweigerlich dahinschwand, begann ich zu trauern über das unbeschwerte Leben, welches wir geführt hatten, trauerte wegen der Schmerzen, der Angst und der ständigen Hauptsorge betreffend der medizinischen Betreuung, die jetzt unser Leben ausfüllte. Und da keine der Behandlungen etwas nützte und der Krebs sich immer mehr ausbreitete, trauerte ich um den Verlust unserer gemeinsamen Zukunft, welche wir nicht haben würden."*

Schwierige Phasen, wechselnd zwischen Hoffnung und Enttäuschung, müssen durchlebt werden, bevor die Angehörigen bereit sind, das Unausweichliche anzunehmen. Erst wenn dieses Stadium erreicht ist, sind sie fähig, dem geliebten Menschen zu sagen: „Wir sind hier bei dir, wir lieben dich sehr. Wir möchten auf keinen Fall, dass du noch länger leiden musst. Gehe nur in Frieden und habe Dank für alles, was du für uns getan hast."

DIE ALLGEGENWART DER TRAUER

Paul Benett berichtet weiter über seine innere Arbeit: *„Ich schützte mich vor meiner Trauer, indem ich mich auf sie vorbereitete, und sofort nachdem Bonnie starb, beschützte mich eine Gefühllosigkeit, die verhinderte zu spüren, wie komplett und endgültig mein Verlust war. Ein paar Monate später begegnete ich einer anderen Welle von Traurigkeit, wenn ich mir erlaubte zu wissen, was „niemals" wirklich bedeutet. Alle, die trauern, erleben gute und schlechte Tage, und ich glaube, die schlechten Tage kommen, wenn wir uns instinktiv erlauben, mehr zu fühlen. Wenn wir ein anderes Tor öffnen, eine andere Erinnerung finden, wenn wir uns an irgendein anderes Vergnügen unseres früheren Lebens erinnern, welches wir nie mehr haben werden."*

Mit diesen Worten bestätigt Paul Benett, dass es eine Art von Selbstschutz gibt, die verhindert, dass wir uns mehr zumuten, als wir ertragen können.

In sehr traurigen und belastenden Situationen pflegte meine Mutter uns Kindern immer zu versichern: „Gott schickt uns nur so viel, wie wir ertragen können." Und Mama wusste genau, wovon sie sprach, hatte sie doch mit jungen Jahren ihren Mann verloren und musste drei Kinder alleine großziehen.

Die Fähigkeit, über Emotionen zu sprechen, ist oft nicht das Gleiche wie die Fähigkeit, sie auch zu fühlen. Benett schreibt dazu: *„Irgendwo unterhalb der Tränen, welche mir meine Kehle zuschnürten, unter dem Schmerz in meiner Brust, war ein Geschrei von Schmerz und Angst, welche ich nicht loslassen konnte; ich hatte keine Ahnung wie. In der Tat hatte ich große Angst, es loszulassen. Das Geheul der Trauer entsprang dem Wissen, dass der Tod für immer ist, dass er ein Teil des menschlichen Lebens ist. Etwa ein Jahr nach Bonnies Tod konnte ich zum ersten Mal diesem Geschrei, diesem Geheul in mir stattgeben. Ich habe erst nach einiger Zeit erkannt, dass nicht nur der Verlust Bonnies diesen Schrei verursachte; es ist der Verlust von allen und allem, welches unwiderruflich aus meinem Leben ging."*

Erst wenn ein Trauernder bereit und fähig ist, seine Emotionen zuzulassen, kann Heilung geschehen. Vielen fällt es schwer, der Trauer freien Lauf zu lassen. Vielleicht ist jemand nach dem Prinzip „ein Mann weint nicht" erzogen worden. Oder man meint, tapfer sein zu müssen und keine Schwäche zeigen zu dürfen. Beide Haltungen blockieren den Prozess der Heilung. Es tat mir im Herzen weh, als mir eine gute Bekannte sagte: „Weißt du, mir wurde in der Stadt bei einer Begegnung gesagt, ich solle doch jetzt etwas tapfer sein und an die Kinder denken. Es sei ja jetzt schon ein Jahr her seit dem Tod meines Mannes." Welche unbedachten Worte. Jeder Trauernde braucht Zeit und Verständnis.

Gut und tröstlich ist es, wenn trauernden Menschen mitgeteilt wird, dass man sie in ihrer Trauer verstehe und bedingungslos akzeptiere. Sie sollen nicht erklären müssen, weshalb sie immer noch vom Schmerz besetzt sind. Sage den Trauernden, dass sie laut und verzweifelt sein dürfen, wenn sie von der Unwiderruflichkeit des Verlustes überrollt werden. Stütze sie in ihrer Trauer und in der ungeschminkten Wahrnehmung der Realitäten, die nun ihre Lebenssituation bestimmen. Gib den Trauernden zu verstehen, dass deine Worte ihren Schmerz weder wegtrösten können noch wollen, sondern dass sie Mitgefühl und echte Anteilnahme zum Ausdruck bringen möchten. Gib ihnen zu verstehen, dass du sie in ihrer Trauer verstehst, akzeptierst und zu ihnen hältst – genau so, wie sie im Moment sind. Signalisiere ihnen, dass sie weinen und sich so verhalten dürfen, wie ihnen gerade zu Mute ist. Sage ihnen, dass sie das Recht auf Trauerausbrüche haben. Möglicherweise kommt jemand ganz unvermutet auf dich zu. Das soll dich nicht erschrecken, es ist eine verständliche Spontanreaktion. Versichere dem Menschen, der bei dir Hilfe sucht, dass du dich von ihm nicht belastet fühlst oder es ihm sagen würdest, sollte es so sein.

Irgendwann einmal – sei dies nun rascher oder langsamer – ist der Trauernde innerlich bereit, ein neues Leben zu beginnen. Seine Trauer wird ihn zwar weiterhin begleiten. Doch etwas Wunderbares ist geschehen. Die Trauer hat sich in Liebe verwandelt. Benett bringt dies sehr schön zum Ausdruck:

„Ich nehme meine Liebe für Bonnie mit mir in mein neues Leben. Ich bringe meine Trauer ebenfalls mit. Ich kann meine Trauer akzeptieren oder verweigern, aber ich kann sie nicht ändern, und möchte das auch nicht, weil Trauer ein anderes Gesicht der Liebe ist. Es ist die unausweichliche Konsequenz der Veränderung ... des Lebens."

ORGANTRANSPLANTATIONEN: ETHISCHE ÜBERLEGUNGEN

Es ist nicht einfach, über das sehr komplexe Thema Organspende zu schreiben, geht es doch dabei stets um eine ganz persönliche Bewertung und Entscheidung. Die Frage, wie man sich in einer aktuellen Situation verhalten würde, muss jeder für sich selbst abwägen und beantworten.

Manchen Menschen ist die Vorstellung, dass man ihnen nach dem Tod ein Organ entnehmen könnte, befremdlich und unangenehm. Es gibt jedoch auch Personen, die nach ihrem Tod einem Mitmenschen noch etwas Gutes tun möchten. Auf jeden Fall ist es eine Tatsache, dass einerseits der Bedarf an Spenderorganen hoch ist, andererseits viele schwer kranke Menschen seit Jahren hoffen und auf Hilfe warten.

Die Übertragung eines Organs vom Spender auf den Empfänger ist aus medizinischer Sicht machbar und schon vielfach durchgeführt worden. Allerdings müssen bestimmte Voraussetzungen erfüllt sein und wichtige ethische Fragen beantwortet werden. Zunächst einmal muss der Tod des Spenders eindeutig feststellbar sein. Nach medizinischen Kriterien ist dies dann der Fall, wenn der Hirntod eingetreten und die Gesamtfunktion des Gehirns irreversibel ausgefallen ist. Um Missbrauch auszuschließen, muss die Diagnose von solchen Ärzten festgestellt und bestätigt werden, die später bei der Transplantation nicht beteiligt sind.

Von Herztransplantationen hört man besonders häufig. In einem Interview wurde der bekannte Herzchirurg René Prêtre gefragt: „Ist es nicht so, dass wir denken, das Leben spiele sich im Herzen ab? Das Herz bedeutet Leben – mehr als jedes andere Organ. Hier, aus der Brust, kommen die Gefühle. Sind wir traurig, fühlt sich das Herz schwer wie ein Stein an. Im Herzen fühlen wir auch die Liebe. Sind wir verliebt, schlägt es stark, wie verrückt und schnell."

Die Antwort des Chirurgen lautet: „Es ist nicht ganz so. Sonst könnten wir nie ein Herz transplantieren. Der neue Besitzer wäre ein anderer Mensch. Die Persönlichkeit macht den Menschen aus. Was uns prägt, befindet sich im Gehirn – die Gedanken und Erinnerungen."

Die Anschlussfrage der Journalistin folgte prompt: „Ist das Herz also lediglich ein Muskel?"

„Wissenschaftlich gesehen, ja. Es ist die Energiequelle, die den Kreislauf bewegt. Dieser Rhythmus und das Leben, das wir dadurch spüren, das ist einfach fantastisch", antwortete Prêtre.

Entscheidend für eine Organentnahme ist in jedem Fall die Willensäußerung des Verstorbenen, die er zu Lebzeiten getan hat. Das heißt, es ist zu prüfen, ob eine Patientenverfügung vorliegt, in welcher die Einwilligung zu einer Organentnahme klar zum Ausdruck gebracht worden ist. Sehr viel schwieriger ist die Situation dann, wenn bei einem plötzlichen Todesfall – etwa durch Unfall – keine schriftliche Willensäußerung vorliegt und die Angehörigen die Entscheidung treffen müssen. Es ist alles andere als leicht, im Sinne eines Verstorbenen zu entscheiden. Es sei denn, dieser habe sich nach übereinstimmender Meinung durchwegs positiv geäußert, wenn das Thema Organspende zur Sprache kam.

Eine Organspende kann eine Tat der Nächstenliebe sein. Dennoch darf sie nicht als moralische Pflicht verstanden werden. Der Mensch, der sich in seiner Patientenverfügung als Organspender zur Verfügung stellt oder vielleicht sogar einen Spenderausweis bei sich trägt, hat freiwillig eine Entscheidung getroffen, die man als humanitären Akt, aber keinesfalls als Beispiel für die Erfüllung einer moralischen Pflicht bewerten darf.

Nicht immer ist das medizinisch Machbare auch wünschenswert. Wenn eine Transplantation *allein* der Verlängerung des Lebens dient, halte ich dies für fragwürdig – vor allem dann, wenn es sich um einen Menschen im fortgeschrittenen Alter handelt. Eine derart große Operation ist sicher nur dann zu verantworten, wenn es nicht nur um eine bloße Verlängerung der Lebens- und sogar der Leidenszeit geht, sondern wenn sich eindeutig die *Lebensqualität* verbessern lässt.

Die Geschichte von den geschenkten Jahren

Die nachstehende Geschichte, die mir eine liebe Kollegin anvertraut hat, zeigt auf, wie dank einer Transplantation geschenkte Jahre zum Segen gereichen können. Anneliese, eine langjährige engagierte Kollegin in der Sterbebegleitungs-Gruppe, erzählte mir:

„Doris, eine Frau von großer innerer Stärke und tiefem Gottvertrauen, kenne ich schon lange. Sie war die Seele der Familie. Sie war auch immer für all jene da, die der Hilfe bedurften. Mit knapp fünfzig Jahren ist Doris schwer erkrankt. Ihre Erkrankung machte eine Behandlung mit einer künstlichen Niere notwendig. Tapfer und ohne Klagen hatte sie die Diagnose angenommen. Während mehrerer Jahre musste sie dreimal wöchentlich an die Dialyse. Man hat Doris für eine Transplantation angemeldet. Es vergingen zehn Jahre des Hoffen und Bangens.

Endlich kam der lang erwartete Anruf, es sei eine passende Niere gefunden worden. Die Ärzte haben sich zuvor beraten, ob man ihr, als einer sechzigjährigen Frau, noch eine Niere übertragen solle. Da jedoch der Allgemeinzustand der Patientin sehr gut war, wurde die Niere verpflanzt. Alles verlief ohne Komplikationen. Doris ging es von da an wieder gut. Sie konnte wieder ein normales Leben führen und für die Familie sorgen. Immer wieder hat sie für das große Geschenk, beschwerdefrei leben zu dürfen, gedankt. Sie hat auch täglich für den ihr unbekannten Spender gebetet.

Nach zehn Jahren hat ihr Körper die Spenderniere abgestoßen, obwohl Doris sorgsam mit ihrem Körper umgegangen ist und alle Medikamente zuverlässig eingenommen hatte. Wie sollte es jetzt weitergehen? Nun stellte sich Doris die Frage, ob die Dialyse-Behandlungen wieder aufgenommen werden sollten oder ob sie der Krankheit einfach ihren Lauf lassen würde. Die Situation wurde auch mit den Ärzten besprochen. Zur gleichen Zeit wurde ihr erstes Enkelkind geboren. Doris war Großmutter geworden. Nachdem sie erfahren hatte, dass das Kind behindert zur Welt gekommen war und viel Pflege brauchen würde, entschloss sie sich zur Wiederaufnahme der Dialyse-Behandlungen. Doris wollte ihrer Tochter zur Seite stehen und eine Stütze sein. Für das kleine Enkelkind wurde sie zum Segen. Das Kind war zwar körperlich behindert, jedoch geistig voll entwickelt. Seine Großmutter konnte ihm vieles geben und hilfreich vermitteln. Diese wundervollen Jahre mit Tochter, Schwiegersohn und Enkelkind waren die größte Erfüllung ihres Alters.

Nachdem das kleine Mädchen größer geworden war und die Familie mehr Platz brauchte, baute der aus Italien stammende Schwiegersohn in seinem Herkunftsland ein rollstuhlgängiges Haus, und die Familie zog nach Italien. Diese Veränderung schmerzte Doris sehr, obwohl der Kontakt erhalten blieb. Bald darauf erkrankte sie an einer schweren Grippe. Erneut stellte sich die Frage: Wie geht es weiter?

Doris vertraute sich ihrem Sohn an und sagte bei klarem Bewusstsein: „Der Zeitpunkt ist gekommen: Ich möchte jetzt gehen." Die Ärzte informierten die Patientin, dass sie spätestens nach vier Tagen wieder an die künstliche Niere angeschlossen werden müsse. Falls dann nicht umgehend eine Entgiftung stattfinden werde, würde Doris ins Koma fallen und sterben müssen.

Vier Tage Bedenkzeit: Doch Doris hat ihre Meinung nicht geändert. Sie wollte ihr Leben auf natürliche Weise beenden.

Zwei Tage vor ihrem Tod hat sie zu meiner Kollegin gesagt. „Liebe Anneliese, für mich stimmt es jetzt so. Ich danke dir für alles, was du für mich getan hast. Ich bin glücklich, dass es mir trotz der schweren Krankheit noch möglich war, für meine Tochter und die Kleine da zu sein. Weißt du, es waren die glücklichsten geschenkten Jahre, die ich erleben durfte."

Anneliese war ergriffen, als sie mir erzählte: „Als Doris diese Worte zu mir sprach, war sie sehr ruhig und gefasst. Sie hat von innen heraus gestrahlt, und in ihren Augen lag ein unbeschreiblicher Glanz. Ich werde dieses Gesicht nie mehr vergessen. Die Erinnerung daran berührt mich noch heute."

Doris, diese tapfere Frau, ist dann tatsächlich ins Koma gefallen und zwei Tage später friedlich eingeschlafen.

OFT GESTELLTE FRAGEN

Kommt es nach einer Transplantation beim Organempfänger zu einer Wesensveränderung? Die Medizin sagt: „Nein, es werden keine Charakterzüge des Spenders auf den Empfänger übertragen. Die Person des Spenders bleibt im Übrigen anonym." (Diese Position ist heute nicht mehr haltbar. Es gibt inzwischen überzeugende Fallbeispiele, die das Gegenteil zu beweisen scheinen.)

Es ist sehr wichtig, dass der Mensch, der das fremde Organ empfängt, dieses dankbar akzeptiert. Ideal ist es, wenn er immer wieder ganz bewusst dankbar ist für die geschenkte Lebensverlängerung. Er oder sie wird dann auch sorgsamer mit seinem Körper und seiner Gesundheit umgehen, so dass sich das Problem einer Abstoßung des Organs verringert.

Die Erfahrung einer Organverpflanzung kann jedoch, unabhängig von einer möglichen „Übertragung", die Lebenseinstellung des Empfängers prägen und ihr eine neue Richtung geben. Das Wissen, dass sein Leben vom Tode bedroht war und er/sie ein neues Leben geschenkt bekommen hat, kann den Menschen positiv verändern. Wenn man einmal lebensbedrohlich krank gewesen ist, haben Alltagsprobleme und Sorgen später einen weniger hohen Stellenwert als zuvor.

Die Erkenntnis lautet: Das kostbarste Gut ist die Gesundheit.

Eine weitere, häufig gestellte Frage lautet: „Nach welchen Prioritäten werden die knappen und wertvollen Organe verteilt?

Kommen zuerst die privilegierten Reichen in den Genuss einer Transplantation? Wie steht es mit dem Organhandel? Wird dafür gesorgt, dass keine Menschen aus armen Ländern ausgebeutet werden? Wird genügend darauf geachtet, dass man Organe nicht einfach kaufen kann?"
Es besteht ein „Transplantationsgesetz" und eine gesetzliche Regelung in Europa. Die Schweiz und andere Länder setzen sich dafür ein, den zu Recht verbotenen Handel mit Organen weltweit zu unterbinden.

Swisstransplant, die Schweizerische *Nationale Stiftung für Organspende und Transplantation*, wirbt mit folgenden Worten für ihr Anliegen: „Organspende schenkt Leben – Ich entscheide selbst."

Manche Menschen ängstigen sich, weil sie befürchten, man könne ihnen Organe entnehmen, noch ehe der Tod vollständig eingetreten sei.
An einem Beispiel erklärt Franz F. Immer, Direktor von *Swisstransplant*, wie bei einer Organentnahme vorgegangen wird:

„Ein klassischer Patient hat eine Hirnblutung und ist rund fünfzig Jahre alt. Auf dem Weg ins Spital mit der Ambulanz ist er nicht mehr ansprechbar und kommt auf die Notfallstation, wo er künstlich beatmet wird. Eine Computerdiagnostik bestätigt die Hirnblutung, was zur Verlegung auf die Intensivstation führt. Der Neurochirurg schätzt ab, ob der Patient noch zu retten ist. Wenn nicht, bleibt er an den Maschinen stabilisiert, ist aber hirntot. Die Ärzteschaft informiert die Angehörigen über das Ableben des Patienten und spricht in einem zweiten Schritt die Familie darauf an, was der Wunsch des Verstorbenen mit Blick auf die Organspende war. Nur wenn die Einwilligung zur Organspende vorliegt, folgen Untersuchungen zu Blut und Organen. Danach werden diese elektronisch erfasst, die Organe den jeweiligen Empfängern in den Zentren angeboten. Ein Computerprogramm berechnet, wer der oberste Empfänger ist, der Anspruch auf das Organ hat. Danach entscheidet das verantwortliche Transplantationszentrum, die Mediziner, ob das angebotene Organ optimal zum Empfänger passt.

So müssten wir uns alle schon zu Lebzeiten mit dieser wichtigen Frage befassen.[*]

---

[*] Im Internet unter www.transplantinfo.ch findet man weitere Informationen.

4.

TRAUERRITUALE
IM WANDEL DER ZEIT

Je nach Land und Region werden Abschiedsrituale verschieden gestaltet. Mancherorts haben sie sich in den letzten Jahrzehnten gewandelt. Einige Traditionen sind aufgegeben worden und haben schlichteren und profaneren Formen Platz gemacht. In der Schweiz besteht heute für die Gestaltung dieser Rituale ein großer Freiraum. Noch vor zehn Jahren übernahm ein Pfarrer oder Priester die Trauerrede, in seltenen Fällen trat ein Freidenker als Grabredner in Erscheinung. Seit einigen Jahren bieten nun Trauerredner, freiberufliche weibliche oder männliche Theologen oder ausgebildete Ritualbegleiter, ihre Dienste an. Sie wenden sich an konfessionslose oder kirchenferne Menschen oder solche, die aus Enttäuschung aus ihrer Kirche ausgetreten sind. So finden denn neben kirchlich geleiteten auch immer mehr Abschiedsfeiern statt, die keinerlei kirchlichen Bezug mehr haben.

Vermehrt werden Abschiedsfeiern so gestaltet, wie sich dies der Verstorbene in seiner letzten Lebensphase gewünscht und mit den Angehörigen rechtzeitig besprochen hat. Immer mehr Pfarrer und Seelsorger sind durchaus bereit, von bestimmten Normen abzukommen und einer persönlicheren Gestaltung Raum zu geben. Dies kann sich etwa so äußern, dass sich Kinder oder Enkelkinder am Abschiedsgottesdienst beteiligen oder Musik erklingt, die sich weder an Orgelklänge noch an die bekannten Kirchenlieder hält.

Der Ort der Bestattung muss ebenfalls nicht mehr, der Tradition folgend, ein Erdbestattungs- oder ein Urnengrab sein. Manche Menschen bringen den Begriff der „letzten Ruhe" mit Natur in Verbindung. Im „Friedwald" in Mammern (Thurgau) besteht beispielsweise die Möglichkeit, einen Baum zu erwerben. Vor oder nach der Trauerfeier wird die Asche zu Füßen eines Ahorns, einer Rotbuche oder eines Lindenbaumes verstreut. Die Vorstellung, dass die Asche des Verstorbenen zu den Wurzeln des Gedenkbaumes vordringt und so am Lebenskreislauf des Baumes teilnimmt, hat für viele etwas Tröstliches. In diesem Friedwald und ebenso an anderen, dafür ausgewählten Orten in der Schweiz oder in Europa haben überdies alleinstehende Menschen ihre Ruhestätte gefunden, die niemandem die Mühe einer jahrelangen Grabpflege aufbürden wollten.

War es der Wunsch des Verstorbenen, die zu Staub gewordene irdische Hülle auf einer Alp oder in einem Fluss abzulegen, kann auch dieser Wunsch respektiert werden. Bei einer Seebestattung wird eine Urne ins Wasser gesenkt, die sich nach einigen Tagen auflöst und die Asche freigibt.

AUFBAHRUNG UND ERDBESTATTUNG

Die alte Tradition der Aufbahrung in der eigenen Umgebung entspricht heute vor allem dem Bedürfnis von Familienmitgliedern und Freunden, in Ruhe und in einer privaten Atmosphäre Abschied nehmen zu können. Es ist erlaubt, den im Spital oder einem Heim Verstorbenen nach Hause zu holen und hier aufzubahren. Der Transport des Sarges darf jedoch nur von einem Bestattungsinstitut vorgenommen werden. Es müssen somit die entsprechenden Absprachen vorgenommen werden.

Möglich ist auch die Bemalung oder Verzierung des Sarges – auch dies kann als Ritual und Zeichen der liebevollen Zuwendung verstanden werden. Ich weiß von einer Familie, deren Kind im Spital verstorben ist. Der Sarg wurde auf Wunsch der Eltern nach Hause gebracht. Der weiße Kindersarg wurde von den Eltern und Geschwistern wunderschön mit Blumen und Herzen bemalt, und der ganze Raum wurde mit Blumen geschmückt. Häufig kommt es auch vor, dass Teddybären, Spielzeug, Briefchen, selbstverfasste Gedichte und Zeichnungen in den Sarg gelegt werden.

Für eine Urnenbestattung können Gefäße aus verschiedenen Materialien, wie Stein, Porzellan oder Metall, ausgewählt werden. Auch bunt bemalte Urnen sind erlaubt. Bei der Trauerfeier kann die Urne entweder vor der Feier im engen Familienkreis oder danach ins Grab gesenkt werden. Das Gefäß kann auch während der Feier im Kirchenraum stehen und von Blumen umrahmt werden.

Über die Möglichkeit einer Urnenbestattung im eigenen Garten oder an einem anderen ausgewählten Ort oder einer Aufbewahrung der Urne im Wohnbereich sollte man sich bei der zuständigen kommunalen oder städtischen Verwaltung seines Landes erkundigen.

ABSCHIEDSZEREMONIEN

Bei der Abschiedsfeier ist es heute möglich, persönliche Wünsche des Verstorbenen zu berücksichtigen. Christa Dettwiler schreibt in „Zum Sterben will ich nach Hause. Ein Leitfaden für Angehörige" über den Abschied einer jungen Frau namens Yvonne.

„Gemäß den Wünschen haben wir den Abschied im Wintergarten gefeiert. Von der Gemeinde haben wir Tisch und Bänke sowie Geschirr und Besteck ausgeliehen. Der Raum war mit einem Meer von Blumen und Kerzen, mit Glasprismen, Sternen und Engeln geschmückt. Zusammen mit Yvonnes persönlichen Bildern und ihren geliebten Gegenständen ergab sich eine sehr dichte und ergreifende Atmosphäre. Die Urne stand auf einem mit Tüchern, Blumen und einer Kerze geschmückten Tischchen. Wir baten den gemischten Chor des Dorfes um die Mitgestaltung der Feier. Ein mit Yvonne befreundeter Pfarrer leitete uns in einer spirituellen Besinnung an und sang russische Gebete. Wir luden alle ein, etwas Persönliches zur Feier beizutragen – in Form von erzählten Erinnerungen, Gegenständen und Ritualen. Es waren vor allem diese spontanen Beiträge, die Yvonne vor uns allen noch einmal als Frau mit einem reichen und vielseitigen Leben auferstehen ließ. Anschließend sind wir – ihre Familie, Freundinnen und Freunde – einander bei Wein und kalten Platten nähergekommen."[12]

Diese Abschiedsfeier wurde im privaten Rahmen und sehr persönlich gestaltet. Individuelle Abschiedsrituale sind jedoch auch in Kirchen oder Aussegnungshallen möglich. Insbesondere beim Schmücken des Raumes sind viele Varianten denkbar: Blumen, Erinnerungsgegenstände oder ein großes Foto des Verstorbenen schaffen eine ganz eigene Atmosphäre. Von einer CD kann die Lieblingsmusik des Heimgegangenen erklingen, Klangschalen können vibrieren oder es kann Instrumentalmusik dargeboten werden.

Das Abschiedsessen – ein weit schöneres Wort als die da und dort noch üblichen Begriffe „Leichenmahl" oder „Leichenschmaus" – muss ebenfalls nicht irgendwelchen Vorstellungen oder Vorschriften folgen. Auch hier dürfen Formen gewählt werden, die mit der Erinnerung an den Verstorbenen zu tun haben.

MIT FREUDEN ERWARTET – TOT GEBOREN

Als ich vor dreißig Jahren eine Totgeburt erleben musste, lag noch vieles im Argen. Es wurde weder psychosoziale Betreuung noch eine Abschiedszeremonie angeboten – es gab nichts, gar nichts. Zum Glück haben sich die Umstände inzwischen geändert.

Es gibt die Möglichkeit, das Kind nach der Geburt zu sehen und zu berühren. Das Kind, das gewaschen und hübsch gekleidet worden ist, wird der Mutter in den Arm gelegt. Weil ihr im Gegensatz zu früher keine starken Beruhigungsmittel mehr verabreicht werden, kann sie sich mit ihrem Partner von ihrem Kind verabschieden. In einigen Spitälern wird eine kleine Abschiedszeremonie durchgeführt. Auf einer Karte werden der Name des toten Kindes und Angaben zur Geburtszeit, zu seiner Größe und seinem Gewicht eingetragen. Je nachdem wird vom kleinen Händchen oder Füßchen auch noch ein Abdruck gemacht, oder das Kind wird – wenn die Eltern dies wünschen – fotografiert.

Mittlerweile werden auch für totgeborene Kinder Bestattungsformen angeboten. Auf Wunsch kann das Kind in einem dafür vorgesehenen Friedhofsegment beerdigt werden. An manchen Orten ist eine Gedenkstätte für Föten und Embryonen errichtet worden. Einige Kliniken bieten eine Sammelbestattung an, die in der Regel von einer Trauerfeier umrahmt wird.

Keinem totgeborenen Kind wird die Bestattung verwehrt. Das kirchliche Ritual beschränkt sich auf die Begleitung des

Geistlichen zum Grab. Dort werden meist Gebete gesprochen, das Grab wird gesegnet und wird so zum Ort des Gedenkens und Erinnerns für eine ganze Familie. Alle diese Vorgänge und Handlungsabläufe tragen dazu bei, dass der schmerzliche Verlust nicht einfach verdrängt, sondern angenommen und ins Leben integriert wird.

Unter Umständen bereitet es den Eltern Kummer, dass ihr Kind nicht getauft werden konnte. Sie dürfen sich trösten lassen:

Und dennoch gehöre ich zu dir.
Du hast meine Hand ergriffen und hältst mich.
Du leitest mich nach deinem Plan
und holst mich am Ende in deine Herrlichkeit.
PSALM 73, 23-24

5
SCHRITTWEISE
DEN WEG FINDEN

EMPATHIE IN DER STERBEBEGLEITUNG:
ICH FÜHLE MIT DIR, ICH BIN MIT DIR

Gedanken und ein Gebet am Sterbebett

Ich sitze hier an deinem Bett.
Ich kenne dich nicht, wir sind uns noch nie begegnet.
Doch jetzt darf ich bei dir und mit dir sein.
Ich wurde zu dir gerufen.
Ich bleibe bei dir und begleite dich ein Stück weit.
Ich bin einfach da.
Ich habe Zeit, ich halte mit dir aus.
Wisse, dass diese Stunden bei dir für mich ein Geschenk sind.
Wenn du schweigen möchtest, schweige ich mit dir
Wenn du erzählen möchtest, höre ich gerne zu.
Ich spüre dich und du spürst mich. Und es ist gut so.
Soll ich mit dir oder für dich beten? Möchtest du das?
Soll ich für dich ein Lied singen oder eine Melodie summen?

Soll ich deine Hand halten oder dich berühren?
Ich spüre, du hast Mühe beim Atmen.
Ich fühle, du hast Schmerzen und Angst.
Ich bin da, ich kann dich verstehen.
Ich fühle mit dir, du bist nicht allein.
Vertraue darauf, dass dir geholfen wird, Vertraue darauf, dass
Gott und alle Engel, Geistwesen und Heilige, alle, an die du in
deinem Leben geglaubt hast, jetzt bei dir sind.
Sie sind da und helfen dir beim Übergang.

Vertraue auf Gottes Liebe.

Soll ich mit dir oder für dich beten? Möchtest du das?

Einem schwer kranken oder sterbenden Menschen darf man
das Gebet anbieten, aber nicht aufdrängen. Es braucht Be-
hutsamkeit und Einfühlungsvermögen, um zu spüren, ob ein
laut gesprochenes Gebet oder ein stilles, inneres Gebet richtig
ist. Psalmworte und Texte sind wunderschön und helfen bei
allen christlichen Konfessionen.

Wenn ich die oben erwähnten Gedanken in der Du-Form
spreche oder still denke, dann fühle ich, dass es so für beide
stimmt. Ich respektiere in jeder Situation die Persönlichkeit
und Würde des Menschen. Ich spüre jedoch auch, dass es auf
der spirituellen Ebene kein Sie oder Du gibt. Auf dieser Ebene
findet eine Berührung der Seelen statt, und auf der seelischen
Ebene sind wir alle gleich. Die anfängliche Zuwendung verwandelt sich in Hinwendung und Liebe.

GEBET

Viel geliebter Bruder / viel geliebte Schwester,
das ist der Tag, den der Herr für dich gemacht hat:
der Tag der Gnade und des Lichts,
der Tag des Segens und der Vollendung,
der Tag des Festes und der unendlichen Freude!

Jetzt erscheint dir der Herr der Gnade
und das milde Antlitz Gottes,
der kommt, um deinen Blick zu erhellen!

Da sind die ausgebreiteten Arme deines Gottes,
der dich in sein Haus aufnimmt,
der dich einlädt, an seiner Seligkeit teilzuhaben
und der vollständig und für immer deine Erwartungen erfüllen und deinen Durst stillen wird.

JULES BULLIARD
(VGL. JES 53,4)

Meine Erfahrung mit Sterbenden hat mir gezeigt, dass fast alle aus jener Kraftquelle schöpfen, an die sie das ganze Leben lang geglaubt haben. Mit deren Hilfe sie ihr Leben schon immer gemeistert, existenzielle Klippen überwunden und Leiden und Schmerz ausgehalten haben. Manchmal ist es besser, wenn man die Worte und Gebete nur im Herzen und still ausspricht. Sie werden auch so verstanden.

MODELL STERBEBEGLEITUNG

Der Sterbende hat Anspruch auf Respektierung seiner Wünsche und Bedürfnisse. Die folgenden Angaben sind als Wegleitung für Angehörige und Begleitende zu verstehen:

- Der sterbende Mensch soll den behandelnden Ärzten Vertrauen entgegenbringen können.

- Seelische oder geistige Fragen und Problemen soll er mit einem Seelsorger oder einer Vertrauensperson seiner Wahl besprechen können.

- Er soll wählen dürfen, ob er im Kreis seiner Familie, im Spital oder auf einer Palliativ-Station sein Leben beenden möchte.

Die Aufgaben von begleitenden Personen sind vielseitig:

- Liebevolle Begleitung und kleine Liebesdienste sind oft sehr viel wichtiger als medizinisch perfekte Betreuung.

- Schmerzlinderung steht im Vordergrund, der Kranke soll jedoch nicht dauernd betäubt werden. Der Sterbende braucht auch Intervalle, in denen er wirklich bei sich ist. Im Übrigen hat auch der Schmerz seine tiefe Bedeutung.

- Der Sterbende soll sich in einer angenehmen Umgebung so wohl wie nur möglich fühlen dürfen. Hektik und Nervosität sind zu vermeiden. Leise Musik, gedämpftes Licht oder Duftlampen-Geruch können hilfreich sein.

- Besondere Wünsche sollen respektiert werden. Kein Zwang zum Essen. Bestimmte Speisewünsche auch dann erfüllen, wenn sie medizinisch nicht unbedingt empfehlenswert wären.

- Bedingungslose Liebe kommt mit liebevollen Worten, zarten Berührungen, Streicheln und auch mit dem bloßen ruhigen Dasein zum Ausdruck.

- Freude bereiten kann man auch noch in den letzten Lebensstunden, wenn man dem Einfühlungsvermögen folgt und mit Gesten oder Worten Beistand bietet.

- Hilfe ist auch bei der Regelung von sehr irdischen Problemen wichtig. Effiziente Beratung bezüglich Erbschaft, Nachlass, Testament usw. kann entlastend wirken, ebenso die Übermittlung von Botschaften.

- Letzte Wünsche werden oft nicht direkt geäußert, sondern müssen erspürt oder durch unaufdringliche Fragen ermittelt werden.

- Das Abschiednehmen von geliebten Menschen muss möglich gemacht werden. Auch jüngere Kinder sollten nicht ausgeschlossen werden.

- Wenn der Sterbende den Wunsch nach Aussöhnung mit seinem Leben, mit Fehlleistungen und Verfehlungen hat, sollte man ihn nicht daran hindern, sondern Anteil nehmen.

- Hat der Sterbende das Bedürfnis nach Alleinsein, sollte man diesen Wunsch berücksichtigen und sich nicht aufdrängen.

- Wird das Bedürfnis nach Meditation oder Gebet geäußert, sind einfache Gebetsformen empfehlenswert.

- Wenn der Sterbende fragt, was mit ihm geschehen werde, darf man ihn auf den Verwandlungsprozess aufmerksam machen, der ihn aus dem diesseitigen Leben herausführen und in eine andere Dimension hinübergleiten lassen wird. Er darf ermutigt werden, den Sterbeprozess zuzulassen und sich vertrauensvoll dem Licht anheimzugeben. Der Begleitende soll sich bemühen, einerseits die Symbolsprache des Sterbenden zu verstehen und ihm andererseits mit symbolischen Zeichen zu helfen. Ereignen sich Reaktionen, auf die man nicht vorbereitet war und die einem vielleicht fremd sind, sollte man sie als Manifestationen einer anderen Wirklichkeit entgegennehmen.

AUSSÖHNUNG

Versöhnung ist eine der wichtigsten Vorbereitungsstufen für ein gutes Sterben. Die Aussöhnung mit Menschen, mit denen man in einem schweren Konflikt verkettet war, kommt leider nicht immer zustande. Für einen Sterbenden kann es belastend sein, wenn er erfasst, dass es nicht gelingt, mit allen Menschen umfassend Frieden zu schließen.

Manchmal sind auch die Angehörigen der Meinung, ein sogenanntes schwarzes Schaf aus der Familie dürfe keinesfalls ans Sterbebett gerufen werden. Sie geben an, den schwerkranken Menschen nicht unnötig in Aufregung versetzen zu wollen. Wenn es jedoch dessen Wunsch ist, sollte man den Kontakt auch gegen den Willen der Angehörigen herstellen. Im Angesicht des Todes kann eine nicht vollzogene Versöhnung zur schweren Belastung werden.

Vor einigen Jahren lag bei uns auf der Abteilung des Spitals eine schwerkranke Drogenpatientin. Im Laufe ihrer Drogenkarriere hatte sie sich mit der ganzen Familie zerstritten. Nun lag sie im Sterben. Eltern und Geschwister besuchten sie nochmals. Es fehlte nur noch ihr jüngerer Bruder, zu dem sie als Kind eine innige Beziehung gehabt hatte. Zu einem bestimmten Zeitpunkt war es zu einem innerfamiliären Zerwürfnis gekommen, und man pflegte keinen Kontakt mehr. Selbst in dieser letzten Lebensphase ihrer Tochter wollten die Eltern nicht, dass man diesen Bruder ans Krankenbett hole. Zu schlimme Dinge seien vorgefallen. Man wolle die Schwerkranke vor Aufregungen verschonen, befand die ganze restliche Familie.

Die Sterbende fragte jedoch immer wieder nach diesem Bruder. Sie wollte ihn unbedingt sehen. Weil es meine Patientin war, wurde ich vom Pflegeteam beauftragt, mich um die Angelegenheit zu kümmern. Dies übernahm ich gerne, spürte ich doch, wie wichtig sie für diese Frau war. Aufgrund ihrer Angaben konnte ich den Bruder ausfindig machen und ihm mitteilen, dass es der dringende Wunsch seiner Schwester sei, ihn nochmals zu sehen. Diese Nachricht erschütterte ihn, aber zuerst sträubte er sich – er habe Angst und ein schlechtes Gewissen. Und er wollte auch wissen, was innerhalb der Familie besprochen worden sei. Ich sagte ihm, dass ich nicht informiert sei und es jetzt einzig um den Wunsch seiner Schwester gehe. Er sagte zu, er werde kommen.

Der Zufall wollte es, dass ich gerade bei der Patientin im Zimmer war, als es zaghaft an die Tür klopfte und der Bruder ins Zimmer trat. Ich werde diese Begegnung nie mehr vergessen. Zuerst blieb der Mann eine ganze Weile stumm in der Türe stehen. Das Gesicht spiegelte seine innere Erregtheit wider. Er wagte es nicht, näherzutreten. Erst als ihn seine Schwester dazu aufforderte, kam er zum Bett – und die Geschwister umarmten sich. Ich zog mich still zurück.

Nach dieser ersten Begegnung kam der Bruder sehr oft zu seiner Schwester zu Besuch, und die beiden Geschwister verstanden sich gut miteinander. Im Nachhinein bedankten sich die Eltern, dass wir nicht auf sie gehört, sondern den Kontakt ermöglicht hatten.

So sehr auch der Standpunkt von Angehörigen gewürdigt werden soll: Entscheidend ist der Wunsch des todkranken Menschen. Er befindet sich an einem anderen Punkt als seine Angehörigen. Für ihn ist nur noch eines wichtig: In Frieden mit Gott und der Welt heimkehren zu können.

ABSCHIEDNEHMEN ERMÖGLICHEN

Manche Menschen haben Mühe, den Leichnam eines verstorbenen Angehörigen anzuschauen. Man wolle den verstorbenen Menschen so in Erinnerung behalten, wie man ihn zu seinen Lebzeiten gekannt habe, wird häufig gesagt. Selbstverständlich ist dieser Wunsch zu respektieren. Er ist vor allem dann verständlich, wenn der Verstorbene in seinen letzten Lebenstagen und -stunden ruhig, entspannt, wenn nicht sogar heiter gewirkt hat. Musste er jedoch leiden und haben Schmerzen und Atembeschwerden sein Gesicht entstellt, kann es für die Hinterbliebenen heilsam sein, am Ende in ein friedliches und von allen Leiden befreites Gesicht zu schauen und den Heimgegangenen so in Erinnerung behalten zu dürfen. Die Geschichte vom Enkelkind Bettina und seiner geliebten Großmutter macht dies deutlich.

Die alte Frau lag schon einige Tage im Sterben. Sie hatte Mühe loszulassen und war so unruhig, dass immer jemand in der Nacht bei ihr wachen musste. Meist verbrachte die knapp 18-jährige Enkelin Bettina die Nachtstunden bei ihrer geliebten Oma. Diese war für sie während all der Jahre immer ein Mutterersatz gewesen, weil die Mutter häufig krank war. Es war rührend, wie liebevoll die junge Frau sich um ihre Oma kümmerte. In der letzten Lebensphase der Großmutter harrte Bettina während einiger Nächte am Krankenbett aus. Als sie schließlich doch erschöpft war, übernahm ich zwei Nachtwachen – und in der zweiten Nacht durfte die Sterbende nach hartem Ringen zu ihrem Schöpfer heimkehren.

Nun lag sie friedlich im Bett, mit einem Lächeln auf dem Gesicht. Als das Enkelkind kam, um Abschied zu nehmen, sagte es ganz erstaunt: „Jetzt geht es Oma besser, sie schläft friedlich und ruhig." Ich musste Bettina sagen, dass ihre Großmutter nicht ruhig schlafe, sondern gestorben sei. Sie konnte dies nicht glauben und fragte mich, weshalb ich mir da so sicher sei. „Der Arzt ist hier gewesen und hat den Tod festgestellt. Es ist kein Herzschlag, kein Puls und keine Atmung mehr da", versicherte ich ihr.

Bettina wollte sich nicht zufriedengeben: „Aber meine Großmutter könnte doch auch nur scheintot sein, dass hat es doch auch schon gegeben."

Ich erklärte ihr, dass man früher dem Verstorbenen einen Spiegel vor den Mund gehalten habe, um gewiss zu sein, dass das Leben ihn verlassen habe. Wurde dann die Spiegelfläche nicht vom Atem beschlagen und blieb klar, dann hatte man Gewissheit.

Bettina hörte mir zu, ging dann aus dem Zimmer und kehrte mit einem Taschenspiegel in der Hand wieder zurück: „Ich habe diesen Spiegel am Kiosk gekauft. Ich will jetzt wissen, ob Oma wirklich tot ist."

Nachdem sie festgestellt hatte, dass kein Atemzug mehr aus dem leicht geöffneten Mund kam, konnte sie sich in die Situation fügen. Nun konnte sie den Schmerz der Endgültigkeit zulassen – und sie weinte sich in meinen Armen aus.

Viel später sagte mir Bettina, dass der Anblick der friedlich schlafenden Großmutter sie getröstet und beruhigt habe. Hätte sie das Bild eines von Schmerz verzerrten Gesichts als letzten Eindruck mitnehmen müssen, wäre dies eine Belastung gewesen.

VOM BEDÜRFNIS NACH ALLEINSEIN

Oft wird die Situation angespannt, wenn Angehörige nicht spüren, dass der Sterbende allein gelassen werden möchte. Man will ihn nicht sich selbst überlassen und hat den Wunsch, anwesend zu sein, wenn er seinen letzten Atemzug tut. Doch die Realität des Sterbenden ist nicht immer die Realität der liebenden Angehörigen. Nicht selten hat ein Sterbender den Wunsch, allein zu sein mit Gott. Alleinsein bedeutet ja weder Verlassenheit noch Einsamkeit. Die Verbindung mit Gott ist da. Ohnehin wird immer wieder jemand still kommen und nachschauen, wie es dem Sterbenden geht.

Schon rechtzeitig, also zu Lebzeiten, sollte man sich fragen, wie man seine letzten Lebenstage verbringen möchte. Möchte ich in aller Stille – allein, ungestört und nur mit Gott verbunden – die vollkommene Hingabe erreichen? Oder wünsche ich, dass Menschen bei mir sind, die mich begleiten und mir beistehen?

In meinen Seminaren bitte ich jeweils die Teilnehmer, im Sinne einer Übung folgende Fragen aufzuschreiben und sich danach still damit zu beschäftigen:

- Wie möchte ich sterben?
- Was soll die Todesursache sein?
- Wie stelle ich mir meinen eigenen Tod vor?
- Was erwarte ich im Sterben von meinen Angehörigen und Freunden?

- Sollen sie bei mir sein? Und wenn ja, wer soll mich begleiten?
- Möchte ich lieber allein sein?
- Wie sollte ich mich auf meinen Tod vorbereiten?

Im Plenum wird dann besprochen, was diese Übung ausgelöst hat. Nicht jeder Seminarteilnehmer möchte sich dazu zu Wort melden. Wichtig ist allein, dass man sich diesen Fragen gestellt hat. Viele Anschlussfragen tauchen auf.

- Wie ist eigentlich meine Weltanschauung?
- Wo stehe ich menschlich, geistig, spirituell?
- Wie möchte ich meine allerletzte Lebenszeit verbringen?
- Was wünsche und was verbitte ich mir?
- Wissen meine Angehörigen, wie ich über all das denke?

Der tiefere Sinn dieser Übung besteht darin: Ich mache mir bewusst, dass die Verantwortung über mein Leben und Sterben weitgehend in meiner Hand liegt. Ich muss Stellung nehmen zu einem Lebensabschnitt, der unwiderruflich auf mich zukommen wird. In diesem Zusammenhang denke ich an einen guten Bekannten, der schwer krank war. Als wir einmal über Sterben und Tod sprachen, bot ich diesem Bekannten meine Begleitung an – sollte es denn einmal so weit sein.

„Weißt Du, ich möchte beim Sterben ganz allein sein", antwortete er mir.

„Weshalb denn?"

„Ich halte den Sterbevorgang für unästhetisch, ich möchte ihn niemandem zumuten", meinte er.

Bald danach nahm ich an einem Kongress teil, als mich der Sohn dieses Bekannten anrief, um mir erregt mitzuteilen, dass soeben sein Vater im Spital gestorben sei. Mit der Mutter zusammen sei er kurz zuvor noch bei seinem Vater gewesen, doch nichts habe darauf hingedeutet, dass der Tod nahe sei. Es sei unverständlich, dass die Nachtschwester sie nicht informiert habe. Hätte man gewusst, dass der Vater so rasch schon sterben müsse, wäre man doch bei ihm geblieben und sicher nicht nach Hause gegangen! Ich versuchte, den aufgeregten Mann zu beruhigen und riet ihm, mit der Mutter zusammen ins Spital zu gehen, um noch im Zimmer vom Verstorbenen Abschied nehmen zu können. Ich erklärte ihm, dass manche Menschen sich wünschen, in der Todesstunde allein zu sein. Bei seinem Vater sei dies mit Sicherheit der Fall gewesen.

Später war es vor allem die Frau des Verstorbenen, die mit sich selbst haderte, weil sie ihrem Mann in seiner Todesstunde nicht hatte beistehen können. Ihr berichtete ich dann vom seinerzeitigen Gespräch mit ihrem Mann: „Ich habe mit Ihrem Mann über den Tod gesprochen. Und da hat er mir gesagt, er wolle einmal alleine sterben, denn er halte das Sterben für etwas Unästhetisches. Sehen Sie, es war also sein freier Wille: Er wollte allein sterben. Und wissen Sie, ich bin ganz sicher, niemand stirbt allein. Da sind immer Engel, Geistwesen und vorher verstorbene Angehörige zur Stelle, wenn ein Mensch ins andere Leben hinüber tritt." Mit diesen Worten konnte ich die Frau erreichen, so dass es ihr gelang, sich mit der Situation auszusöhnen.

Die Krankenschwester hat mir später erzählt, sie hätten Herrn B. tot im Bett aufgefunden, und alles sei voll Blut gewesen. Es sei zu einer akuten Blutung gekommen, die weder voraussehbar gewesen sei noch hätte gestoppt werden können. Solch eine Entwicklung kann eintreten, niemand hat Schuld daran.

Für mich war der Bericht der Krankenschwester einmal mehr eine Bestätigung für meine Überzeugung, dass Kranke nicht nur den Tod, sondern auch die Art ihres Ablebens vorausahnen können.

SCHWIERIGE FRAGEN AM KRANKENBETT

Was ist die Seele?

Mir wurden im Laufe meiner Begleitungen schon einige schwierige Fragen gestellt.

Eine der schwierigsten war: Was ist die Seele? Wohin geht sie nach dem Tod? Wann verlässt sie den Körper?

Ich will gerne eingestehen, dass ich große Mühe habe, wenn solche Fragen auftauchen. Im Grunde kann ich sie ja gar nicht beantworten. Für mich sind die Seele und alle ihre Erscheinungsformen ein großes Mysterium.

Wenn jedoch ein todkranker Mensch von mir eine Antwort erwartet: Was sage ich ihm dann?

Gibt man im Internet den Begriff *Seele* ein, findet man seitenlange Hinweise. Für mich, die ich eigentlich nur nach einer kurzen, einfachen Deutung suche, machen folgende Hinweise Sinn:

Der Begriff Seele hat, je nach dem mythischen, religiösen, philosophischen oder psychologischen Hintergrund und gemäß den unterschiedlichen Traditionen eine unterschiedliche Bedeutung. In bestimmten philosophischen Richtungen gilt die Seele als immaterielles Prinzip, welches das Leben eines Individuums während der Dauer seiner Lebenszeit kennzeichnet und zu seiner Identität gehört. In dieser Verbindung steht auch die Annahme, dass die Seele nicht mit dem physischen Tod verknüpft und deshalb unsterblich sei. Viele dieser philosophischen oder auch religionsphilosophischen Erklärungen sind schwierig zu verstehen und vermitteln keine klare Linie. Schwerkranke haben nicht mehr viel Zeit und kaum Energie, um sich mit theologischen und wissenschaftlichen Deutungsversuchen auseinanderzusetzen. Deshalb finde ich es schon wichtig, dass man sich frühzeitig – und vor allem als Sterbebegleiter – mit diesen Fragen befasst.

Schon immer haben sich die Menschen gefragt, was die Seele sei. In der Antike galt die Seele als von den Göttern eingehauchte Lebenskraft.

In der Bibel liest man im Markus-Evangelium, im Kapitel 10, Vers 28:
„Fürchtet euch nicht vor denen, die den Körper töten, denn eure Seele können sie nicht töten."

Hier wird somit auf die Unsterblichkeit der Seele hingewiesen.

In der Bhagavad Gita (2,20) steht geschrieben:
„Für die Seele gibt es weder Geburt noch Tod. Sie ist nicht entstanden, entsteht nicht und wird nie entstehen. Sie ist ungeboren, ewig und immerwährend. Sie stirbt nicht, wenn der Körper stirbt."

Der Schweizer Psychiater Prof. Dr. Daniel Hell äußert sich so:
„Die Seele macht den Menschen zu einer Person. Ohne seelisches Erleben wären wir kalte, gleichgeschaltete und leere Hüllen."

Welche Antwort gebe ich, wenn ich am Krankenbett persönlich angesprochen werde? Zuerst versuche ich die Frage zurückzugeben: „Was fühlen *Sie* in ihrem Innersten?" Auf diese Weise kann es gelingen, in einen ergreifenden Dialog zu kommen. Es entwickelt sich alles wie von selbst. Der fragende Mensch kann nun Erinnerungen wachrufen und an jene Kräfte glauben, denen er ein Leben lang am stärksten vertraut hat und die ihn nun berühren. Wenn ich tief in meinem Innersten um die Existenz von etwas Höherem, Größeren weiß, werde ich inspiriert und kann viele Ängste hinter mir lassen. Ich kann vertrauen. Dieses innerliche Gefühl von Hilfe führt zur richtigen Antwort.

Will man ganz direkt meine eigene Meinung hören, antworte ich in diesem Sinn:

„Die Seele ist für mich der göttliche Kern. Ein Lichtfunke, der in mir wohnt seit Anbeginn, der immer da war und immer sein wird. Die Seele wohnt in mir und ist unsterblich. Für die Seele gibt es weder Geburt noch Tod. Sie ist immer gegenwärtig. Für mich sind Seele und Geist eine Einheit. Sie gehören zusammen, und man kann sie nicht trennen. Daher nenne ich das, was den Tod überlebt, Geist-Seele."

„Ist es also die Geistseele, die den Übergang vollzieht?"

„Daran glaube ich."

„Was macht Sie derart sicher?"

„Sicher bin ich nie. Doch ich fühle in mir die Gewissheit. Die Seele ist ein Mysterium und ist das Innerste, das einen Menschen ausmacht. Ich habe beim Sterben eines Menschen noch nie eine Seele gesehen. Man kann sie nicht sehen, nicht wiegen, nicht sezieren oder analysieren. Sie ist etwas Geheimnisvolles und Verletzliches. Sie ist göttlichen Ursprungs und lebt weiter nach dem physischen Tod. Die Seele verlässt in der Todesstunde den physischen Körper. Daran glaube ich."

Auch die besten Erklärungen sind nur Versuche, das *Mysterium Seele* begreiflich zu machen. Die natürlichsten und ehrlichsten Antworten sind jene, die aus dem inneren Wesen des Schwerkranken selbst kommen. Diese Menschen sind in ihrem Prozess der Antwort viel näher als alle Begleiter und Seelsorger.

Ich möchte nochmals erwähnen, was man fühlen und erleben kann, wenn ein Mensch hinübergeht. Es entwickelt sich immer eine ganz spezielle, fast heilige Atmosphäre. Was diese Stimmung hervorruft, weiß ich nicht. Sie ist nicht mit dem Verstand erfassbar. Es ist etwas da, das mich berührt und mir zu erkennen gibt, dass die Seele mit dabei ist. Gesehen habe ich die Seele noch nie, jedoch gespürt.

Das Zimmer, das plötzlich strahlend hell und farbig wurde; und dieses tiefe Gefühl von Liebe, Glückseligkeit und Gottesnähe. Einmal durfte ich auch wahrnehmen, wie sich etwas vom physischen Körper löste und wie ein Nebel aufstieg. War es die Seele? Vielleicht...

Ich selber spüre und weiß in mir, dass meine Seele lebt und Gott in ihr.

WEGBEGLEITUNG FÜR ANGEHÖRIGE UND BETREUUNGSPERSONEN

Die wichtigsten physischen Reaktionen im Sterbeprozess. Was ist zu tun?

SCHMERZ

- Schmerz ist immer das, was der Patient als Schmerz empfindet.
- Mit dem Kranken, seinen Angehörigen und Spitex (ambulante Krankenpflege) klären, was noch an Reserve-Medikamenten gegeben werden darf.
- Umlagern.
- Im Gespräch klären, was alles Schmerzen auslöst.

ATEMNOT

- Atemnot ist immer mit Angst verbunden.
- Versuchen, selber ruhig zu bleiben.
- Kopfteil höher stellen.
- Patient mit Kissen stützen.
- Fenster öffnen, lüften (Sauerstoff), Patient zudecken.
- Sauerstoffgabe, falls verordnet und greifbar.
- Entspannungsübungen
- Nicht zum Sprechen forcieren, da zu große Anstrengung.
- Ruhe vermitteln.
- Luftbefeuchter.
- Hilfe holen, wenn sich die Situation nicht bessert.

DURST

- Nicht zum Trinken zwingen.
- Kleine Mengen genügen.
- Menge auf Löffelchen-Maß oder Pipette beschränken.
- Bei Mundtrockenheit Mundpflege machen.
- Eiswürfel zum Lutschen geben.
- Lemon Sticks
- Mund spülen mit beliebigen Geschmacksrichtungen.
- Cola, Bier, Kaffee, Schaumwein – einfach das, was der Patient mag.

ERBRECHEN

- Kopf zur Seite drehen oder Seitenlage.
- Bett frisch machen (so gut es geht).
- Mund reinigen, wie bei der Mundpflege.

BEIM HERANNAHEN DES TODES

- Angehörige wecken.
- Ruhe bewahren.
- Wenn nötig, Hilfe anfordern.
- Da sein, mit dem Sterbenden sein, bei ihm sein.
- Ruhig geschehen lassen, was geschehen soll und darf.

WENN DER TOD EINGETRETEN IST

- Die Uhrzeit feststellen.
- Trost spenden.
- Eventuell die Angehörigen alleine Abschied nehmen lassen.
- Das Bett flach stellen.
- Kissen entfernen.

- Uhr und Schmuck abnehmen.
- Sterbelager mit Blumen schmücken, eventuell Kerzen entzünden.
- Die Angehörigen bestimmen lassen, was und wie sie es haben möchten.

Es wird aussehen, als wäre ich tot,
und das wird nicht wahr sein...
Und wenn du dich getröstet hast,
wirst du froh sein, mich gekannt zu haben.
Du wirst immer mein Freund sein,
du wirst Lust haben, mit mir zu lachen.
Und du wirst manchmal dein Fenster öffnen,
gerade so zum Vergnügen...
Und deine Freunde werden sehr erstaunt sein,
wenn sie sehen,
dass du den Himmel anblickst und lachst.

Antoine de Saint-Exupéry

WAS MUSS NACH EINEM TODESFALL ZUERST GETAN WERDEN?

Bei einem Todesfall sind Angehörige nicht selten von der Situation überfordert und wissen nicht, was zunächst zu tun ist. Die nachfolgenden Informationen sollen eine kleine Hilfestellung bieten.

Arzt informieren

Stirbt eine Person im häuslichen Umfeld, muss als Erstes der Hausarzt oder der diensttuende Arzt informiert werden. Er muss Tod und Todesursache feststellen und den Totenschein ausstellen. Stirbt jemand im Spital oder Heim, verständigt das Pflegepersonal den Arzt. Der Totenschein wird in der Regel direkt an das zuständige Zivilstandesamt gesandt. Auch Angehörige erhalten ein Exemplar dieser Bescheinigung.

Nach einem Unfall, bei Verdacht auf eine Gewalttat oder bei einem Suizid muss sofort die Polizei benachrichtigt werden.

Angehörige informieren

Angehörige, nahe Freunde und allenfalls Nachbarn informieren. Nicht nur der Arbeitgeber der verstorbenen Person muss benachrichtigt werden, auch der eigene Arbeitgeber muss davon in Kenntnis gesetzt werden, dass ein Familienmitglied verstorben und deshalb ein Fernbleiben vom Arbeitsplatz gerechtfertigt ist. In der Schweiz ist die mögliche Fehlzeit im Trauerfall gesetzlich geregelt und darf, je nach dem Verwandtschaftsgrad, ein bis drei Tage dauern.

Wünsche des Verstorbenen ermitteln

Heute kommt es immer öfter vor, dass Menschen im Rahmen einer Patientenverfügung und vielleicht sogar in vorheriger Absprache mit Familienangehörigen niederschreiben, wie nach ihrem Tod der Abschied gestaltet werden soll.

In der Schweiz sind die Gestaltungsmöglichkeiten recht groß. Dies ist auch gut so, denn Abschiedsrituale haben einen hohen Symbolwert und sind sehr wichtig für die Trauerbewältigung. Sie machen den Abschied mit Zeichen sichtbar und sinnlich erfahrbar: Eine würdige, eindrückliche Feier kann für die Angehörigen und sogar für eine ganze Trauergemeinde wichtig sein. Selbstverständlich ist es auch zu respektieren, wenn der verstorbene Mensch zu Lebzeiten bestimmt hat, der Abschied solle in aller Stille und im engsten Familien- und Freundeskreis stattfinden.

Meldung an die zuständige Behörde am Wohnsitz des Verstorbenen

In der Zwischenzeit sind dem zuständigen Zivilstandsamt die ärztliche Todesbescheinigung und, falls vorhanden, das Familienbüchlein beizubringen. Bei Ausländern sind überdies der Ausländerausweis, Pass oder ID erforderlich.

Der Zivilstandsbeamte bespricht mit Ihnen, wo und wann der Verstorbene bestattet werden soll. Gemeinsam wird abgeklärt, ob und wo der Verstorbene aufgebahrt werden soll. Es wird auch besprochen, ob ein Trauergottesdienst oder eine kirchliche Feier gewünscht werden oder ob an Stelle einer kirchlichen Bestattung eine andere Form der Verabschiedung in Frage kommt.

Das Bestattungswesen ist in der Schweiz amtlich geregelt, es gelten die jeweiligen Bestimmungen des Wohnortes oder der Gemeinde. Eine Bestattung findet nie früher als achtundvierzig Stunden nach Eintreten des Todes statt. Der Zeitpunkt der Bestattung kann abgesprochen und so angesetzt werden, dass beispielsweise auswärtige oder im Ausland wohnhafte Angehörige und Freunde an der Abschiedsfeier teilnehmen können.

Je nach den regionalen Bestimmungen wird der Sarg von der Gemeinde oder der Bestattungsfirma geliefert und in Rechnung gestellt. Als Grabstelle kommt meist ein Reihengrab oder ein bereits bestehendes oder neu errichtetes Familiengrab und bei Urnenbestattungen, je nach örtlicher Situation, Urnengräber oder Urnen-Nischen in Frage. Falls keine Grabstätte vorgesehen ist, weil der Verstorbene sich gewünscht hat, dass seine Asche verstreut werde, erkundigt man sich beim Zivilstandbeamten über das weitere Vorgehen.

Mit dem Pfarrer, einem Seelsorger oder Ritualberater kann danach besprochen werden, in welchem Rahmen die Feier gestaltet werden soll. Die Angehörigen können entscheiden, ob ein Lebenslauf verlesen werden soll oder nicht. Der Lebenslauf wird entweder vollständig von einem Familienmitglied verfasst oder die Lebensdaten und -Stationen werden schriftlich festgehalten.

Todesanzeige aufgeben, Trauerkarten besorgen

Bei der Gestaltung des Textes für die Todesanzeige und die Trauerkarten kann allenfalls ein Bestattungsbüro oder die Stelle beauftragt werden, die bei der Zeitung die Todesanzeigen entgegennimmt. Kommen persönliche Traueranzeigen in Frage, stellt man mit Vorteil im Familienkreis eine Adressliste zusammen und teilt sich dann die Versandarbeiten auf.

Die Beerdigung organisieren

Die vielen administrativen Abläufe sind für viele Angehörige eine Last. Es bleibt kaum Zeit für die Trauer, man funktioniert nur noch. Bestattungsunternehmen helfen bei jenen Aufgaben, welche die Trauernden nicht selbst erledigen möchten oder können. Auch das Einkleiden und Einsargen fällt in den Zuständigkeitsbereich der Bestattungsfirma.

Falls ein Pfarrer die Beerdigung übernimmt, wird er den dafür vorgesehenen kirchlichen Raum reservieren. Soll die Feier in anderen Räumlichkeiten stattfinden, muss der Raum von den Angehörigen reserviert werden. Zu besprechen ist ebenfalls, ob und in welchem Rahmen die Trauergäste nach der Feier zu einem Imbiss eingeladen werden. Soll der Pfarrer oder der Trauerredner die Einladung aussprechen, muss dies rechtzeitig vereinbart werden. Blumenschmuck, allenfalls eine musikalische Umrahmung der Feier, Entschädigungen und Trinkgelder gehören zum Aufgabenbereich der Angehörigen.

Nach der Beerdigung muss man sich mit den Danksagungen befassen und entscheiden, ob man sie persönlich versenden oder eine Anzeige in der Zeitung platzieren möchte.

Was nach der Beerdigung zu erledigen ist

Wohnung, Versicherungen, Telefon, Krankenkasse und Zeitungs- und Zeitschriftenabonnemente kündigen und die Wohnung räumen.

Für die Wohnungsräumung kann man eine Firma beauftragen. Es muss jedoch zuerst abgeklärt werden, welche Gegenstände jeder Erbberechtigte behalten möchte oder welche Dinge allenfalls verschenkt werden sollen. Für Hausräumungen bieten sich Firmen an, und manche Hilfsorganisationen holen Gegenstände ab. Falls wertvolle Objekte vorhanden sind, deren effektiven Wert man nicht kennt, lohnt sich eventuell eine Schätzung durch einen versierten Fachmann.

Mit der Erbteilung befasst sich das zuständige Erbschaftsamt. Bis alles geregelt ist, kann bis zu einem Jahr nach dem Todesfall verstreichen. Zu den anfallenden Arbeiten nach dem Tod gehört auch die Erstellung einer Steuererklärung bis zum Zeitpunkt des Todestages.

In jedem Fall kommt viel Administratives und oft auch Ungewohntes auf die Hinterbliebenen zu. Man sollte deshalb nicht zögern, sich bei den zuständigen Ämtern Auskünfte und allenfalls anwaltlichen Rat einzuholen.

6
LIEBE IN TAT
UND WAHRHEIT

VON GUTEN MÄCHTEN
WUNDERBAR GEBORGEN

Dietrich Bonhoeffers Gedicht „Von guten Mächten" spreche ich oft als Gebet bei Schwerkranken. Es wirkt tröstend und aufbauend und ist an keine Konfession gebunden.

Wie das Leben so spielt, habe ich bei Ferien in Ungarn Siegfried getroffen. Siegfried ist ein begnadeter Musiker und Organist. Er hat uns zu einem Klavierabend eingeladen. Er hat schon viel Schweres durchmachen müssen. Die Musik hat ihn und seine Frau immer wieder getröstet. Bevor er uns das Lied vorspielte, sprach Siegfried über Dietrich Bonhoeffers Leben. Dieser evangelische Theologe und überzeugter Christ hatte sich weltweit für die Gemeinschaft der Christen engagiert. Er lebte in der Nachfolge Christi. In den Briefen, die er während der vom nationalsozialistischen Regime verhängten Gefängnishaft schrieb, entwickelte er Visionen für eine künftige Ökumene an der Seite der Armen und Gedanken zu einer nichtreligiösen Interpretation von Bibel und Gottesdienst.

Ohne mich hier weiter in Bonhoeffers Biographie vertiefen zu wollen, möchte ich mich mit dem Inhalt seines wohl bekanntesten Textes befassen. Sein Gedicht war als Gruß zum Jahreswechsel 1944/45 für seine Familie gedacht, mitsamt einem Brief an die Angehörigen.

Von guten Mächten treu und still umgeben,
behütet und getröstet wunderbar,
so will ich diese Tage mit euch leben
und mit euch gehen in ein neues Jahr.

Ein wunderbarer Segenswunsch zum Beginn eines neuen Jahres. Bonhoeffer konnte nicht bei seinen Lieben sein, ja er konnte nicht einmal wissen, wie viele Tage ihm noch beschieden sein würden. Er wusste nicht, was das neue Jahr ihm bringen und ob er überhaupt noch in der Lage sein würde, seine Angehörigen noch einmal, ein letztes Mal, zu sehen.

Wunderbar sind diese tröstlichen, aufbauenden Worte, zum Ausdruck gebracht in einer aussichtslosen Situation. Diese innere Gewissheit und Bonhoeffers Zuversicht an der Schwelle des Todes sind bewundernswert und bezeugen ein unendlich großes Gottvertrauen. Dieser Glaube an die Führung von guten Mächten, die uns treu und still umgeben, kann auch für Todkranke ein wichtiger Trost sein.

Noch will das alte unsre Herzen quälen,
noch drückt uns böser Tage schwere Last.
Ach Herr, gib unsern aufgeschreckten Seelen
das Heil, für das du uns geschaffen hast.

Bonhoeffer spricht aus, dass schwere Tage eine große Last bedeuten und nur in der Gewissheit, dass Gott immer zum Heil führt, zu ertragen sind. Mit dem Begriff „aufgeschreckten Seelen" kommt nach meinem Empfinden zum Ausdruck, wie die brutale Realität neben leiblichem, existenziellem Leiden auch seelische Qual verursachen kann. Das Heil, von dem Bonhoeffer spricht, ist vielleicht hier auf Erden nicht erreichbar. Doch Gott führt immer ins Licht. Am Ende des tiefdunklen Tunnels erwartet uns sein Licht.

Auch bei diesem Bild sehe ich wieder eine Parallele zur Situation von Schwerkranken und Sterbenden. Diese Menschen können ebenfalls in totale Angst und Hoffnungslosigkeit verfallen, und einzig die Aussicht auf Gottes Beistand und Hilfe kann ihnen Trost schenken.

Und reichst du uns den schweren Kelch, den bittern
des Leids, gefüllt bis an den höchsten Rand,
so nehmen wir ihn dankbar ohne Zittern
aus deiner guten und geliebten Hand.

Ich denke, für die Befähigung zu einem derart bedingungslosen Vertrauen bedarf es noch mehr als des tiefen Glaubens an Gottes Hilfe und Führung. Wenn ein Mensch so weit ist, dass er das bittere Leid, den bitteren Kelch aus Gottes Hand annehmen kann, steht er in der Nachfolge Christi. Jesus lebte uns diese außergewöhnliche Bereitschaft vor. Er nahm sein Leiden an und sprach am Kreuz die Worte: „Vater, in deine Hände empfehle ich meinen Geist."

Ich bin sicher, auch Bonhoeffer musste Phasen des Ringens, Haderns und Zweifelns durchstehen. Gewiss hat auch er sich die Frage gestellt: Warum ich? Kann ein Mensch so viel Schmerz, Kummer Verzweiflung annehmen – und gar Gott noch dafür danken? Ich glaube, dass nur eine tiefe, innige Gottverbundenheit und Liebe eine derartige Haltung möglich machen. Sie ist schwer nachvollziehbar und ganz gewiss abhängig von Gottes Beistand

Bei Schwerkranken und Sterbenden ist mir diese erstaunliche vertrauensvolle Gefasstheit auch schon begegnet. Hat ein Mensch sich dazu durchgerungen, sein Sterben und seinen Tod anzunehmen und sich voll Vertrauen in Gottes Arme sinken zu lassen, dann ist seine Heimkehr wunderbar.

Doch willst du uns noch einmal Freude schenken
an dieser Welt und ihrer Sonne Glanz,
dann wollen wir des Vergangenen gedenken,
und dann gehört dir unser Leben ganz.

Die Hoffnung stirbt zuletzt, sagen wir in aussichtslosen Situationen. Dieser Vers bezeugt, dass selbst Bonhoeffer bis zuletzt nicht ausgeschlossen hat, dass sein Todesurteil vielleicht doch noch aufgehoben werden könnte. Noch einmal den Glanz der Sonne sehen, die Schönheiten der Natur wahrnehmen... Ja, sollte es das Schicksal wider Erwarten noch einmal gut mit uns meinen, dann würden wir – geprägt von schweren Erfahrungen und Erlebnissen – ein anderes, gottgewolltes Leben führen. Sollte sich doch noch alles zum Guten wenden, dann würde ich...

Solchen Hoffnungen, Gedanken und Wünschen begegnet man auch bei Todkranken. Nach einer ernsthaften Erkrankung oder im Wissen, dass der Tod bevorsteht, wird die noch verbleibende Zeit ganz bewusst und intensiv gelebt. Nie wird das Leben derart intensiv als Kostbarkeit empfunden wie dann, wenn es sich dem Ende zuneigt. Auch Jesus betete: „Vater, wenn es möglich ist, lasse diesen Kelch an mir vorübergehen." Aber dennoch unterwarf er sich dem Willen Gottes.

Lass warm und hell die Kerzen heute flammen,
die du in unsere Dunkelheit gebracht,
führ, wenn es sein kann, wieder uns zusammen.
Wir wissen es, dein Licht scheint in der Nacht.

An dieser Stelle ist Bonhoeffer in seinem Gedicht „Von guten Mächten" bei Weihnachten und Neujahr angelangt. Noch einmal steigt sein starker Wunsch auf, seine Lieben noch einmal zu sehen, sie in die Arme zu schließen. Doch es wird spürbar, dass Bonhoeffer sich sehr stark mit dem Licht verbunden fühlt. Es scheint die Gewissheit durch, dass Gott immer ins Licht führt, dass er selbst das Licht ist. Im Zustand großer Hoffnungslosigkeit, den Tod vor Augen, bringt dieser Mensch die Kraft auf, inmitten der ihn umgebenden Dunkelheit das Licht wahrzunehmen.

Auch hier besteht wieder eine große Parallele zu Menschen in der Sterbestunde. Der Abschied vom Leben führt ins Licht.

Wenn sich die Stille nun tief um uns breitet,
so lass uns hören jenen vollen Klang
der Welt, die unsichtbar sich um uns weitet,
all deiner Kinder hohen Lobgesang.

Nun, da der gefangene Mensch Bonhoeffer den Schritt der

vollkommenen Hingabe gemacht hat, öffnet sich ihm eine andere Dimension. Er darf in andere Räume eintreten. Ihm wird gezeigt, was ihn erwarten wird. Alle irdischen Begrenzungen sind gefallen. Der Geist ist frei. Klänge und Lobgesang kommen aus göttlichen Sphären. Eine solche Vision ist eine Gnade von Gott.

Wenn es einem gereiften Menschen vergönnt ist, solch ein Wunder zu Lebzeiten zu schauen, dann, dann ist das Tor offen, und keine Macht der Erde kann solch eine tiefe Erfahrung zunichte machen. Dieser Mensch kann durch nichts mehr erschüttert werden, und er sieht gestärkt an Leib und Seele seinem Tod entgegen.

Bonhoeffers Botschaft endet mit einem herrlichen Schlussakkord.

Von guten Mächten wunderbar geborgen,
erwarten wir getrost, was kommen mag.
Gott ist bei uns am Abend und am Morgen
und ganz gewiss an jedem neuen Tag.

Dietrich Bonhoeffers letzte Worte vor seiner Hinrichtung lauteten:

„Das ist das Ende. Für mich der Beginn des Lebens."

DIE BEDINGUNGSLOSE LIEBE
ELISABETH KÜBLER-ROSS

„Nachdenken über die Reise des Lebens und das Bewusst-
werden unserer Verantwortung für die Handlungen unseres
Lebens führt zur Bewusstheit, dass Liebe eine grundlegende
Qualität ist. Mit deinem Leben Frieden schließen, Liebe und
die Bereitschaft zum Dienst am anderen sind das Herz dieser Botschaft." Elisabeth Kübler-Ross spricht diese Worte zu
einem Zeitpunkt, in dem sie mit ihrem eigenen Sterben konfrontiert ist. Ihr Vertrauen in die bedingungslose Liebe, die
uns bei unserem Übergang umgibt, ist ungebrochen.

Schaue mit Freude deinem Übergang entgegen.
Es wird das erste Mal sein, dass du bedingungslose Liebe er-
fährst.
Dort wird nur Liebe und Frieden sein, und alle Albträume
und die Aufregungen, die du in deinem Leben durchgemacht
hast, werden völlig unbedeutend sein.

Wenn du durch deinen Übergang gehst, wirst du hauptsäch-
lich nach zwei Dingen gefragt werden: Wie viel Liebe du geben und empfangen konntest und wie viel Dienst am Anderen du geleistet hast. Und du wirst die Konsequenzen jeder
Tat, jedes Gedankens erkennen, auch eines jeden Wortes, das
du jemals ausgesprochen hast.
  Dies heißt, symbolisch gesprochen, dass du durch die Hölle

163

gehen wirst, wenn du erkennst, wie viele Chancen du verpasst hast. Du wirst aber auch erkennen, dass eine mitfühlende, liebevolle Handlung Hunderte von Leben berührt hat, deren Existenz dir überhaupt nicht bewusst geworden ist.

Also erinnere Dich, konzentriere dich auf Liebe, solange du noch hier bist, und lehre deinen Kindern bedingungslose Liebe. Also erinnere dich, konzentriere dich auf Liebe und schaue voller Freude deinem Übergang entgegen.

Es ist die wunderbarste Erfahrung, die du dir vorstellen kannst.

Gehe mit den Göttern!

7.

WERKE DER BARMHERZIGKEIT

HUNGRIGE SPEISEN

„Ich war hungrig und ihr habt mir zu essen gegeben".
MATH. 25 VERS 35

Essen ist ein Grundbedürfnis jedes Menschen.
Nahrung bedeutet Stärkung und Segnung für Körper, Seele und Geist.
In meiner Umgebung gibt es keine Menschen, die wirklich Hunger leiden.
Gelten dann die Worte Jesu, „Hungrige zu speisen", nicht für mich?

Ich habe darüber meditiert.

Man kann auch Hunger haben nach:
- Gerechtigkeit
- Anerkennung
- Liebe
- Zuwendung

Hunger ist ein Mangel.
Es fehlt das Gefühl der Sättigung, von Wärme, von Geborgenheit.

Einen Hungrigen zu speisen, kann also auch bedeuten:

- Nicht nur Brot geben, sondern auch Tisch- und Gastfreundschaft anbieten.
- Zeit haben
- Zuhören können
- Offen sein für die Bedürfnisse meines Gegenübers.

Menschliche Liebe ist fähig, auch den seelischen Hunger zu stillen.

Gott, gib mir die Kraft, durch Deine Liebe zu leben.
Hilf mir, in jedem Hungrigen und Bedürftigen Dich zu erkennen.
Mache mich zum Werkzeug Deiner Liebe.
Du hast gesagt: „Was ihr dem Geringsten meiner Brüder getan, das habt ihr mir getan."

Durstige tränken

„Ich war durstig und ihr habt mir zu trinken gegeben."

Was heißt Durst haben?
Ohne Wasser zu sein, ausgetrocknet, erschöpft, kraftlos.
Eine schreckliche Erfahrung.
Wasser ist Leben. Ein Glas Wasser erfrischt sofort.
Ein Bad im Wasser belebt und stärkt. Wasser ist gleichsam auch eine Heilquelle.

Wasser ist ein Teil von mir.
Mein Körper besteht zum größten Teil aus Wasser.
Wasser verbindet mich mit dem Lebensstrom.

Was kann es noch bedeuten, einem Durstigen zu trinken zu geben?

Ihm helfen:
- Wieder in Fluss zu kommen.
- Wieder den Strom des Lebens zu aktivieren.
- Wieder Vertrauen zu schöpfen.
- Wieder mit der Quelle in Kontakt zu kommen.

Wasser entspringt an der Quelle und endet im Meer der Vollendung.

Gott, hilf mir, die Bedürfnisse der Durstigen zu erkennen.

Lasse mich Schale und Schöpfkelle sein, offen zum Geben und zum Nehmen.
Hilf mir, wie Wasser zu sein, formbar und formgebend, widerstandslos und doch bereit, Widerstände mit Kraft zu überwinden und daran zu wachsen.
Wasser, hilf mir, so zu sein wie du.

Nackte bekleiden
„Ich war nackt und ihr habt mir Kleidung gegeben."

Nackt sein heißt:

Schutzlos zu sein, ausgeliefert, ausgesetzt allen Gedanken Worten und Gefühlen. Der natürliche Schutz, die Umhüllung, fehlt oder ist zu schwach.

Der Mensch friert, nimmt Kälte wahr.

Oder *Nackt sein* kann bedeuten:

Allen Gefahren ausgesetzt zu sein.

Naturgewalten wie Sturm, Regen, Wind, Schnee und Eis.

Aber auch neugierigen Blicken, Besitzgier, Neid, Missgunst und übler Nachrede.

Einen Nackten zu bekleiden, bedeutet für mich:

- Schutz bieten, wo ein Mensch angegriffen wird.
- Geborgenheit vermitteln.
- Mitgefühl und Verständnis haben.
- Verlorene Menschenwürde zurückgeben.

Nackte zu bekleiden, kann ferner beinhalten:

Auch das kleinste, zarteste Leben zu schützen.

Ungeliebte, abgelehnte, ausgegrenzte Menschen zu kleiden.

Sie einzuhüllen in Liebe, Verständnis und Anteilnahme.

Gott, hilf mir, dass ich das Nackte, Bloße und Schutzbedürftige in dieser Welt immer besser erkenne.

Lasse mich wie ein Mantel sein: Umhüllend – schützend – wärmend.

Kranke besuchen

„Ich war krank und ihr habt mich besucht."

Sicher werden in unserer Gesellschaft die Kranken besucht.
Man nimmt regen Anteil, wenn jemand plötzlich erkrankt.
Es gibt sogar einen Krankensonntag.
Ich frage mich:
Ist das genug?

Krank zu sein bedeutet oft, ausgeschlossen zu sein:

- Abgeschnitten von den Aktivitäten
- Von den Kontakten zur weiten Welt
- Vom Puls des Lebens.

Der Kranke ist zurückgeworfen auf sich selbst.
Indem wir die Kranken besuchen, verbinden wir sie neu mit der Außenwelt, lassen sie durch unser Erzählen teilhaben am Leben draußen.

Einsamkeit kann krank machen.
Ich denke da vor allem an die alten Leute in Kliniken und Pflegeheimen.
Wenn eine Krankheit lange dauert, kommen die Besucher immer seltener.
Was will man schon sagen?
Wie trösten, wenn es doch nie mehr besser wird?

Wenn wir anfangen, den Kranken von unserem Leben draußen zu erzählen, wenn wir sie daran teilhaben lassen, kommen wir ins Gespräch mit ihnen.

Manchmal können wir von ihnen einen guten Hinweis oder Ratschlag erhalten.

Vergessen wir nicht die Lebenserfahrung und Weisheit älterer Menschen.

Die Kranken haben etwas, was wir nicht haben: **Zeit!**
So kann ein Krankenbesuch für beide Seiten eine gegenseitige Bereicherung sein.

Gut ist es, wenn sich nach einem Besuch beide wohl fühlen, so dass der Kranke nicht übermüdet ist und der Besuchende sich nicht belastet fühlt.

Gott gib mir:
Ohren zum Hören
Augen zum Sehen
Ein Herz zum Fühlen
Geduld und Liebe.

Fremde beherbergen
„Ich war fremd und ihr habt mich bei euch aufgenommen."

Als fremd empfinden wir alles, was uns noch nicht bekannt ist.

Fremde sind Freunde, die man noch nicht kennengelernt hat.

Fremde Rassen, Bräuche, Eigenarten, Religionen und Rituale können auf uns befremdend wirken, wenn wir noch nicht damit bekannt sind.

Es geht also bei der Gastfreundschaft sehr darum, Interesse zu zeigen für andere Bräuche, Esskulturen und Spezialitäten. Beim Essen pflegen wir eine der ältesten Formen der Gastfreundschaft. Durch das gemeinsame Mal ist es am einfachsten, einander näherzukommen, sich zu verstehen.

Jesus hat immer wieder mit Freunden und Fremden am Tisch gesessen.
Fremde zu beherbergen, kann also auch bedeuten:

Offen zu sein für fremde Menschen, Sitten und Bräuche.

- Interesse zu zeigen für andere Religionen und Weltanschauungen.
- Den Teil in uns zu erkennen, der uns als Mensch mit allen Menschen verbindet.
- Nächstenliebe üben.
- Meinen Nächsten zu lieben wie mich selbst.
- Gott im Nächsten zu erkennen.

Gott, hilf mir, Herberge zu sein für alle Menschen, die Du zu mir führst.
Befreie mich vom Egoismus, viel haben und besitzen zu wollen.
Lehre mich das Teilen, das Geben und Verschenken.
Führe mich zur wahren Gastfreundschaft.

Gefangene erlösen
„Ich war im Gefängnis und ihr habt mich besucht."

Heißt Gefangene zu besuchen, ich soll in Gefängnisse und Strafanstalten gehen und mich mit Gefangenen unterhalten?
Und wenn ich mich dort nicht wohl fühle und überfordert bin?

Was soll ich dann tun?
Kann ich dann dieses Werk der Barmherzigkeit nicht erfüllen?
Was willst Du, dass ich dann tue ?

Ich habe darüber nachgedacht:
Das Gegenteil von gefangen zu sein bedeutet, frei zu sein.
Können Deine Worte "Gefangene befreien" auch bedeuten,
im übertragenen Sinne zu Handeln?

Gefangen kann man sein in:
- Abhängigkeiten und Süchten
- Depressionen
- Sorgen und Illusionen
- Bindungen an Menschen und Gemeinschaften
- Erinnerungen und Emotionen
- Verlust, Trauer und Leid

Gefangene zu besuchen, kann also auch bedeuten:

Gefangene Menschen zu begleiten und hinzuführen zur Freiheit.
Eine Hand zu geben und herauszuführen aus der Dunkelheit
zum Licht.
Trauernde wahrzunehmen, zuzuhören, zu verstehen, Halt zu
geben.
Bindungen, Emotionen an längst Vergangenes zu lösen helfen.
Neue Wege aufzuzeigen.
Gott, befreie Du die Gefangenen,
Jene, die gefangen sind in sich selbst, die ich nicht erreichen
kann.

Lehre mich mit gefangenen Situationen und Umständen umzugehen, vor allem lehre mich sehen, wo ich noch gefangen
bin.
Führe mich hin zur wahren Freiheit mit Dir.
Nur wenn ich selber frei bin und in Dir ruhe,
bin ich fähig, Gefangene zu erlösen.

KRANKE BESUCHEN:
EIN DIENST AM MITMENSCHEN

„Ich war krank und ihr habt mich besucht", lesen wir im Matthäus-Evangelium. In unserer Gesellschaft ist es üblich, Kranke zu besuchen und regen Anteil zu nehmen, wenn jemand plötzlich erkrankt und im Spital liegen muss. Man bemüht sich auch um Besuche in Alters- und Pflegeheimen. In der Schweiz wird am ersten Sonntag im März alljährlich der „Tag der Kranken" begangen.

Im Vorfeld eines Krankenbesuches fühlen sich jedoch viele Menschen unsicher oder gar unbehaglich. Sie fragen sich, wie dem Kranken gegenüberzutreten sei. Wie benimmt man sich? Was fragt man? Was sagt man und was sagt man besser nicht?

Zunächst ist es ratsam, dass wir als Besucher nicht mit wehem und zaghaftem Herzen ans Krankenbett treten. Genauso falsch wäre es allerdings, mit betont forschem und fröhlichem Auftreten Zuversicht verbreiten zu wollen. Am besten ist es, wenn man zunächst teilnehmend nach dem Befinden fragt und zu spüren versucht, wie sich der Patient gegenwärtig fühlt. Möglicherweise erkennen wir, dass er nicht unbedingt von seiner Krankheit sprechen möchte, sondern dass andere Dinge im Vordergrund stehen: Ängste, das Gefühl des Ausgeliefertseins und des Verlustes der eigenen Entscheidungsfähigkeit.

In einer offenen Herzenshaltung wird es uns möglich, zuzuhören, zu trösten oder unter Umständen sogar mit einer nicht unbedingt angenehmen Handreichung Beistand zu geben. So kann es gelingen, in einer der Situation angepassten Art Mut zuzusprechen und Gedanken in Richtung Selbstheilungskräfte und Heilung zu äußern.

Wenn eine Krankheit sich über längere Zeit hinzieht, werden Besuche meist seltener. Ich denke da vor allem an alte Menschen in Kliniken und Pflegeheimen. Was will man schon sagen? Welchen Trost soll man geben, da die Situation ausweglos ist?

Aber selbst unter diesen Voraussetzungen sind Besuche wichtig. Der Kranke, vor allem der Langzeitkranke, ist auf sich selbst zurückgeworfen. Er befindet sich gleichsam außerhalb des Lebens mit all seinen Aktivitäten, ausgeschlossen vom pulsierenden Leben. Ein Besucher, der kommt und vom Leben „da draußen" erzählt, durchbricht zumindest für einige Zeit das lähmende Gefühl der Isolation und des Ausgeschlossenseins. Unter Umständen kommt ein Gespräch in Gang, das den Besucher an Erfahrungen teilhaben lässt und ihm Anregungen vermittelt. Alte Menschen haben den jüngeren Generationen meist viel voraus – sie haben Zeit, Lebenserfahrung und Weisheit.

Ein Krankenbesuch kann für beide Seiten eine Bereicherung sein. Beide Beteiligten sollen sich in der Begegnung echt und aufrichtig erleben können und sich am Ende des Besuches wohlfühlen.

WELCHE VORAUSSETZUNGEN SIND NÖTIG, DAMIT EIN KRANKENBESUCH GUT VERLÄUFT?

Es braucht:
Ohren zum Hören
Augen zum Sehen
Ein Herz zum Fühlen
Geduld und Liebe

Welche Regeln sind zu beachten?

- Einen Besuch nicht zu lange ausdehnen.
- Den Zeitpunkt des Besuches mit anderen Interessierten absprechen. Wenn sich gleichzeitig mehrere Personen einfinden, ermüdet der Kranke rasch. Ein Großandrang macht auch gute und einfühlsame Gespräche unmöglich.
- Keine großen, ausladenden Blumensträuße mitbringen. Besser sind kleine, aber mit Sorgfalt und Liebe ausgesuchte Geschenke.
- Nach Möglichkeiten nimmt man einen Stuhl und setzt sich so neben den Kranken, dass sich dieser nicht verrenken muss, sondern guten Blickkontakt hat. Wenn man beim Kranken Platz nimmt, signalisiert man, dass man da ist, sich Zeit nehmen möchte und nicht schon wieder auf dem Sprung ist.
- Der Bettrand ist als Sitzplatz tabu, es werden auch keine Gegenstände aufs Bett gelegt. Einerseits sind hygienische Gründe maßgebend, andererseits ist das Bett der einzige Privatbereich, der dem Patienten noch geblieben ist.

- Beginnt der Kranke von seinen Sorgen und Ängsten zu erzählen, soll man ihm geduldig zuhören und ihm nicht mit Beschwichtigungen ins Wort fallen.
- Teilnehmende Fragen sind angebracht. Der Patient soll sich jedoch nicht herausgefordert fühlen, in aller Breite seine Krankengeschichte zu erzählen oder medizinische Informationen zu übermitteln.
- Es ist gut, wenn dem Kranken Mut zugesprochen wird. Es dürfen jedoch nicht falsche Hoffnungen geschürt oder laienhafte Prognosen gestellt werden.
- Von der Außenwelt erzählen, von Ereignissen berichten: Der Kranke hat meist das Bedürfnis nach Informationen vom Leben außerhalb der Spital- oder Heimwelt.
- Weder zu forsch und vital noch mit einem Übermaß an Mitleid auftreten: Beides verstärkt beim Kranken das Gefühl seiner momentanen Ohnmacht und Handlungsunfähigkeit.
- Gesprächspausen müssen nicht zwanghaft mit Geplauder überbrückt werden. Sie können durchaus positive Ruhepausen sein.
- Es sollte eine Selbstverständlichkeit sein, dass man sich als Besucher auf den Spitalflur zurückzieht und wartet, sobald Ärzte oder Pflegepersonen sich mit dem Patienten befassen müssen. Auch die Essenszeiten sind zu respektieren, es sei denn, der Patient lege gerade dann Wert auf Gesellschaft.
- Wenn die Krankheit länger dauert, den Kontakt aufrechthalten. Besuche und Anrufe sind auch dann noch willkommen, wenn der Kranke wieder zu Hause ist oder in der Rehabilitation weilt.

ICH SEHE DEINE TRÄNEN

Jorgos Canacakis, der griechische Diplompsychologe und Psychotherapeut, hat ein Buch geschrieben mit dem Titel „Ich sehe deine Tränen". In Konstanz habe ich eines der Canacakis-Trauerseminare besucht. Von den ungefähr 150 Teilnehmerinnen und Teilnehmern waren viele in der *Vereinigung zur Begleitung Schwerkranker und Sterbender* engagiert. An jenem Seminar hat mich eine Begebenheit ganz besonders aufgewühlt und sich mir tief eingeprägt.

Eine junge Frau, Mutter von zwei kleinen Kindern, wurde von Jorgos auf die Bühne begleitet und uns vorgestellt. Man konnte sofort spüren und wahrnehmen, dass sie in tiefer Trauer gefangen war. Jorgos ermunterte sie, uns von ihrem Geschick zu erzählen.

Unter Tränen berichtete diese Frau:

Mein Mann ist am frühen Morgen mit seinem LKW zur Arbeit gefahren. Es war ein gewöhnlicher Morgen, so wie immer. Die Kleinen waren an jenem Morgen quengelig und unruhig. Ich habe mich nur flüchtig von meinem Mann verabschiedet, weil die Kinder mich genervt haben. Ich war den ganzen Morgen angespannt und nervös und die Kinder ebenfalls. Eine derartige innere Unruhe kannte ich sonst nicht an mir. Um die Mittagszeit klingelte es an der Wohnungstüre. Zwei Polizisten in Uniform standen da. Ich wusste sofort: Jetzt ist etwas mit meinem Mann passiert. Der Kleine auf meinem Arm fing spontan zu weinen an. Mir wurde mit schonenden Worten beigebracht, dass mein lieber Mann auf der Autobahn einen Unfall erlitten habe und dabei gestorben sei. Ich habe den Boden unter den Füßen verloren und war total geschockt."

Die junge Frau berichtete weiter, dass inzwischen drei Monate vergangen seien. Sie vermisse ihren Mann so sehr – es sei grausam, auf diese Weise plötzlich mit zwei kleinen Kindern allein gelassen zu werden.

Der ganze Schmerz brach aus der Frau heraus. Jorgos Canacakis ermunterte sie, ihren Schmerz hochkommen zu lassen, ihn zuzulassen: „Es ist für alle gut, wenn sie deinen Schmerz mitfühlen können und deine Tränen sehen." Einige Seminarteilnehmer wendeten den Blick ab oder schauten angestrengt zu Boden. Aber Jorgos rief immer wieder dazu auf, nicht wegzuschauen, sondern im Gegenteil ganz bewusst hinzuschauen. Vereinzelt forderte er sogar ganz direkt auf, den Blick auf die weinende, schluchzende Frau zu richten. Selbstverständlich wurde diese dann von Jorgos getröstet, und er dankte ihr, dass sie uns erlaubt hatte, an ihrem Schmerz teilzunehmen. Später wurde darüber gesprochen und reflektiert, wie die schreckliche Erfahrung dieser Frau auf uns gewirkt hatte und wie damit umzugehen sei.

Es war damals für mich und die anderen Teilnehmer unendlich schwer, nicht auszuweichen, sondern hinzuschauen. Tränen fließen zu sehen und bei einem heftig weinenden Menschen auszuharren: Diese Erfahrung ist sehr wesentlich.

Ich denke, wenn wir Trost spenden wollen, ist eines ungemein wichtig: Den Mut zu haben, mit leeren Händen, ohne Worte und ohne Phrasen dem Trauernden gegenüberzustehen und sich einzugestehen, dass man keine Worte finden kann. Es tut einem trauernden Menschen gut, wenn er spürt, dass nicht nur er, sondern auch andere hilflos und sprachlos sind. Diese Hilflosigkeit begegnet seiner eigenen Hilflosigkeit; aber er spürt gleichzeitig, dass da jemand Anteil nimmt und mitfühlt.

Sprachlos zu sein bedeutet in diesem Fall, dass der verzweifelte Mensch in seinem Leid bejaht wird. Dass ihm jemand zur Seite steht, der die Tiefe des Verlustschmerzes erkennt. In einer ersten Phase muss er sich angenommen und verstanden fühlen

Erst wenn man einem Trauernden auf dieser Ebene begegnen durfte, können Worte des Trostes ihn erreichen.

Sage einem Trauernden, dass er das Recht hat, laut und verzweifelt zu sein, wenn ihm die Unwiderruflichkeit seines Verlustes bewusst wird. Lasse ihn spüren, dass du dich in seine Trauer einfühlen kannst, dass du diese in all ihren Ausdrucksformen akzeptierst. Gib ihm zu verstehen, dass du ihn genau so respektierst, wie er sich in diesem Moment verhält und äußert.

WIE MAN TRÖSTEN KÖNNTE

Man spricht nicht von ungefähr von der Kunst des Tröstens. Jede Trauersituation hat ihre eigenen Ausdrucksformen. Dennoch kann das Wissen um ein paar Grundregeln hilfreich sein.

- Zur eigenen Hilf- und Ratlosigkeit stehen und sich nicht in irgendwelche Floskeln flüchten.
- Zuhören und offen sein für die Äußerungen von Schmerz und Verzweiflung.
- Die Frage stellen, ob der Trauernde sprechen oder lieber schweigen möchte.
- Leidtragenden muss es erlaubt sein, immer wieder vom verstorbenen Menschen zu erzählen.
- Eigene Erinnerungen an den Verstorbenen ins Gespräch bringen. Den Mut haben, dessen Namen auszusprechen – selbst dann, wenn dies Tränen auslöst.
- Bereit sein, außer Zeit zum Zuhören auch praktische Hilfe anzubieten.
- Den Trauernden ermuntern, sich für seine Trauer Zeit zu lassen.
- Dem Trauernden zu verstehen geben, dass er ungehemmt weinen darf und man ihn in seiner abgrundtiefen Traurigkeit versteht. Ihm versichern, dass seine Trauer keine Belastung ist.
- Immer wieder und auch nach der heftigsten Schmerzattacke die Versicherung geben, dass man zur Verfügung steht mit Zeit, Zuwendung, Mitgefühl und der Bereitschaft zum Mittragen.

WAS KEINESFALLS AUSGESPROCHEN WERDEN SOLLTE

- Sagen Sie nie: „Ich weiß, wie du dich fühlst." Ziehen Sie nie eigene Trauererlebnisse als Vergleich heran. Sie können so den Trauernden nicht erreichen, weil er zunächst in seiner ganz eigenen Situation gefangen ist.

- „Du musst nach vorne blicken. Das Leben geht weiter", ist ein Satz, der unbedingt vermieden werden muss. Dieser Blick nach vorn kann sich erst nach einer gewissen Zeit entwickeln. Tatsächlich geht das Leben weiter – aber anders als bisher.

- Sagen Sie nie: „Man weiß ja nicht, was ihm oder ihr alles erspart geblieben ist." Sie können nicht wissen, wie das durch den Tod beendete Leben weiter verlaufen wäre – also unterlassen Sie jegliche Vermutung.

- Sagen Sie beim Tod eines Kindes keinesfalls: „Du hast ja noch andere Kinder." Ebenso falsch ist der Satz: „Dein Mann ist gestorben, aber Du hast ja noch die Kinder." Unangebracht und respektlos ist auch eine Bemerkung wie: „Nun ja, er/sie ist doch recht alt geworden, einmal ist eben die Zeit gekommen, da wir abtreten müssen." Jedes Kind und jeder erwachsene Mensch ist in seiner Art einmalig und deshalb unersetzbar.

- Hüten Sie sich, nach einem bestimmten Zeitablauf zu sagen: „Jetzt müsste es dir eigentlich besser gehen, es ist doch schon so lange her." Jedes Verlusterlebnis und jede Trauer haben einen individuellen Verarbeitungsrhythmus.

- Seien Sie nicht aufdringlich und übertragen Sie nicht Ihre eigenen Wertvorstellungen und Glaubensüberzeugungen auf den Trauernden.

- Wechseln Sie nicht abrupt die Straßenseite, um einem trauernden Menschen und einer womöglich schmerzlichen Begegnung auszuweichen. Ein freundlicher Gruß und die teilnehmende Frage, wie es denn gehe, sind Zeichen der Anteilnahme. Für einen Trauernden ist es schmerzlich, wenn er erlebt, dass man ihm ausweicht und so ängstlich meidet, als habe er eine ansteckende Krankheit.

ZUM AUSKLANG

STERBEN, EINE LICHTVOLLE ERFAHRUNG

Der Tod gehört zum Leben, und das Sterben ist Teil unseres Daseins. Dies ist uns bewusst, und es wird uns auch immer wieder gesagt. Dennoch ist der Umgang mit Sterben und Tod und vor allem mit todkranken, sterbenden Menschen alles andere als selbstverständlich, sondern von Ängsten, falschen Vorstellungen und Unwissenheit belastet. Es fehlt an jenem Basiswissen und jenem Verständnis, das eine mitfühlende Begleitung von Sterbenden erst möglich macht. Wenn Angehörige, Mitarbeitende in Pflegeberufen und Ärzte besser verstehen, was im Sterbeprozess vor sich geht, werden sie die Reaktionen, Gefühle und Bedürfnisse von sterbenden Menschen in angemessener Weise auffangen können.

Ein weiteres Anliegen dieses Buches war es, die sensiblen, ja heiligen Augenblicke des Übergangs darzustellen. Ich kann mich auf all die Erfahrungen berufen, die ich bei der Begleitung von todkranken, sterbenden Menschen machen durfte. Es sind meine persönlichen Erfahrungen. Jeder Begleiter macht seine eigenen Erfahrungen.

In diesem Buch sind einige Beispiele aufgeführt worden, die andere Begleiter mir erzählt und die sie so erlebt haben. Doch Erfahrung allein genügt nicht. Ich hätte wohl nicht ausreichend Kraft und Mut, wäre da nicht auch eine innere Berufung spürbar. Ich glaube, Gott und seine Engel wünschen, dass diese Dinge offenbart werden. Sie geben mir Inspiration, schicken mir Licht und Kraft. Ich fühle mich eins mit der unendlichen Kraftquelle, die wir *Gott* nennen.

Es ist nicht immer leicht, an Gottes Gegenwart in uns zu glauben und seine Präsenz zu spüren. Ebenso wenig ist es leicht, nachzuvollziehen, was gemeint ist mit dem Anruf, Christus wohne in jedem von uns. Wie lebt er in uns? Auf welche Weise sollen wir Gottes und Christi Gegenwart nach außen hin zur Geltung bringen? Die Antwort lautet zunächst: ER braucht unsere Hände und Füße, um seine Gegenwart zu manifestieren. Mit unseren Händen dürfen wir in seinem Auftrag heilen, segnen und Gutes bewirken, und mit unseren Füßen sollen wir auf den Mitmenschen zugehen. Unser Mund kann Worte sprechen, die in seinem Sinne sind und für Mitmenschlichkeit, Frieden und Liebe werben.

Jeder Mensch kann an seinem Platz ein Christus-Bote sein. Wenn ich mich also für seinen Dienst an den Menschen zur Verfügung stelle und SEIN Instrument sein will, dann muss ich zuerst darum bitten, Kanal sein zu dürfen. Meinen Eigenwillen sollte ich Gott anheimstellen und darum bitten, dass ER durch mich wirkt. Solange mein Wille im Vordergrund steht und ich meine, selbst tun und bestimmen zu müssen – so lange „tut" ER nicht.

Gut ist es, wenn wir weniger wollen und weniger meinen tun zu müssen – und stattdessen mehr geschehen lassen.

Zwar ist jeder Mensch eine unverwechselbare Persönlichkeit, ausgestattet mit Gaben und Talenten; dennoch sollten wir uns immer wieder bewusst machen, wie eingeschränkt unsere Sichtweise ist: Ich sehe eine Sache oder eine Situation auf meine Weise, eine andere Person sieht das Gleiche in einem anderen Licht, beurteilt alles von ihrer Warte aus. Wenn ich spreche, sollte ich mir meiner Verantwortung bewusst sein. Bitte ich darum, dass ER durch mich sprechen möge, werden mir die richtigen Worte zufließen.

Bei meinen Begleitungen von schwerkranken Menschen frage ich mich zuweilen, welches Christus-Bewusstsein in ihnen lebt und wie ihre Verbindung mit Gott ist. Manchmal kann ich die Antwort spüren, manchmal nicht. Manchmal kommt ein Mensch von sich aus auf seine Gottesbeziehung zu sprechen, manchmal ist da Schweigen. Ich vertraue darauf, dass ich von Gott und seinen Engeln geführt werde. Immer sind seine Engel und vor allem der Schutzengel anwesend. Sie sind in diesen letzten Stunden – und vor allem beim Übergang in die göttliche Dimension – als Helfer an der Seite des Sterbenden. Dessen bin ich mir gewiss.

Kann sich der sterbende Mensch ins bedingungslose Vertrauen begeben, gestaltet sich der Übergang leicht und fließend. Ein tiefer Friede erfüllt den Heimkehrer.

Vertrauen ist das Wichtigste im Sterbeprozess. Wenn ich vertraue, ist die Verbindung mit Gott vollzogen. Im Wort Vertrauen ist auch das Verb „trauen, sich trauen, anvertrauen" eingebettet. Ich vertraue mich IHM an und weiß, dass in IHM und DURCH IHN alles möglich ist. Mit Gott bin ich stark und mutig. Die Angst verschwindet. Im Gebet kann ich Gottes Wille gelassen und vertrauensvoll annehmen. ER nimmt mir die Angst.

Grenzenlos zu vertrauen, heißt konkret: Auch den letzten Grashalm loszulassen.

Wir kommen in den Himmel, unsere verstorbenen Lieben sind im Himmel. Was ist darunter zu verstehen? Der *Himmel* ist ein Bewusstseinszustand, kein Ort, zu dem man sich begibt oder an dem man verweilt. Sobald wir uns von gängigen Erklärungsmodellen lösen, wird uns bewusst, dass auch die Wahrheit ein Bewusstseinszustand ist. Wahrheit ist ein Zustand des Seins. Habe ich innerste Gewissheit erlangt, lösen sich Fragen und Zweifel auf. Es ist, wie es ist – einfach wahr. Ich weiß nicht, weshalb diese Gewissheit in mir wohnt – und ich muss es auch nicht wissen. Ich werde es, wie alle Menschen, am Ende meines Lebens erfahren.

Im Prozess des Sterbens kommen todkranke Menschen dieser Wahrheit immer näher – und sie haben den Mut, diese Wahrheit anzunehmen.

Sterbende Menschen befinden sich einem ganz besonderen Zustand:

- Sie sind echt.
- Sie sind, wie sie wirklich sind.
- Sie sind so, wie sie vom Schöpfer geschaffen wurden.
- Sie sind sie selbst, in jedem Ausdruck.
- Sie spüren, fühlen, leben und lieben mit allen Sinnen.

Die letzte, allgültige Wahrheit ist Gottes Geist in uns. Dieser Geist der Wahrheit durchdringt alles.

Sterben ist und bleibt ein großes Mysterium.

Was kein Auge gesehen und kein Ohr gehört hat,
was keinem Menschen in den Sinn gekommen ist;
das Große, das Gott denen bereitet hat,
die ihn lieben.
(1 Kor 2,9)

DANKSAGUNG

Es ist mir ein Bedürfnis, all jenen zu danken, die auf irgendeine Weise dazu beigetragen haben, dass dieses Buch entstehen konnte.

Zuallererst gilt mein Dank Gott und seinen Engeln, die mich inspiriert haben. Viel zu verdanken habe ich Dr. Peter Michel, der mich ermutigt und nach der ersten Publikation „Sterben in Achtsamkeit" dieses zweite Buch ermöglicht hat. Ein weiterer Dank gilt all den spirituellen Lehrern und den Freunden, die mich auf meinem Weg begleitet haben. Ich denke insbesondere an Franz und Esther Lichtenecker, Heinz Sonderegger und meinen Mann Werner. Ihm danke ich für seinen Beistand und dafür, dass er mir immer wieder den Rücken freigehalten hat.

Für das Lektorat des Manuskriptes habe ich mit Meta Zweifel eine erfahrene Journalistin gewinnen können. Für mich war es nicht leicht, all das, was mir an Durchsagen eingegeben worden ist, in Worte zu fassen. Ich danke Meta Zweifel für ihre Sorgfalt und das Einfühlungsvermögen, mit dem sie für Gliederung und Klarheit gesorgt hat. Dank gebührt auch Bruno Vonarburg, der sich ohne Zögern bereit erklärt hat, das Vorwort zu verfassen.

In meinen Dank eingeschlossen sind meine Freunde, die wie ich in der Sterbegeleitung tätig sind und mir erlaubt haben, dieses Buch mit ihren Erfahrungen und ihren tiefen Erlebnissen zu bereichern.

LITERATURHINWEISE

1.) Kübler-Ross, Elisabeth, Das Rad des Lebens, Autobiographie, München 1997, S. 232ff.
2) ebd.
3) Jankovich, Stefan von, Schulplanet Erde, Band I, Pforzheim 1997, S. 169ff.
4) ders., Kontakte mit dem Licht, Pforzheim 2001, S. 17.
5) Roberts, Jane, Individuum und Massenschicksal, Genf 1988, S. 34f.
6) Vgl. Apuzzo, Stefano/D'Ambrosio, Monica, Auch Tiere haben Seelen, Grafing 2008.
   Arndt, Sabine/Kriegel, Petra, Wenn Tiere ihren Körper verlassen, Grafing 2009.
7) Feld, Harald/Michel, Walter, Kompass für das Abenteuer Alter, Petersberg 2009, S. 100.
8) ebd.
9) ebd.
10) ebd., S. 157ff.
11) Benett, Paul, Loving Grief, Larson Publ., New York 2009, S. 7f., 9ff., 36.
12) Dettwiler, Christa, Zum Sterben will ich nach Hause. Ein Leitfaden für Angehörige, Zürich 1999, S. 161.

Sterben in Achtsamkeit
Erica Meli
(ISBN 978-3-89427-512-9), Paperback
Liebevolle Begleitung auf dem
Weg in eine andere Welt

Jene Tage und Stunden, in denen eine Geistseele ihre
physische Hülle ablegen darf, um zurückzukehren
in eine höhere Welt, sind ganz besonders heilige
Augenblicke. Es bedarf großer Achtsamkeit – für die
sterbende Person wie für die auf Erden Zurückbleibenden – um diesem Geschehen gerecht zu werden.
Erica Meli, die über viele Jahrzehnte Menschen in
diesen Stunden des Abschiednehmens begleitet hat,
legt mit diesem Lebenswerk ein wunderbar feinfühli-
ges Buch vor, um jene schicksalhaften Momente wach
und bewusst zu durchleben. Sie schenkt jenen einen
lichtwärts führenden Ratgeber, die Abschied nehmen
wollen; und vermittelt denen einen stärkenden und
ermutigenden Trost, die einen geliebten Menschen
weiterziehen lassen müssen.

Begegnungen im Lichtreich
Hans Stolp/Margarete van den Brink
(ISBN 978-3-89427-568-6), Taschenbuch
Über den bleibenden Kontakt mit jenen,
die bereits in eine lichtere Welt vorausgegangen sind

In diesem Buch gehen Hans Stolp und Margarete
van den Brink in überaus feinfühliger Weise darauf
ein, welche Verbindung noch immer zwischen jenen
besteht, die einstmals auf Erden in Liebe verbunden
waren, von denen einer jedoch inzwischen durch
eine geheimnisvolle Pforte gegangen ist. Sie zeigen
auf, dass ein Band der Liebe die Grundlage bietet,
um auch mit dem Verstorbenen in einer geistigen
Verbindung zu bleiben. Nichts kann für ewig ge-
trennt werden, was eine höhere Macht einst in Liebe
verbunden hat! Ein Buch, das Himmelstüren öffnet
und die Botschaft von der Unsterblichkeit des Lebens
verkündet!

Der Weg ins Jenseits
Hans Stolp
(ISBN 3-89427-257-0), Paperback
Ein Trostbuch, wenn ein geliebter Mensch in eine
lichtere Welt vorausgegangen ist.